給存股族的 ETF 實驗筆記

投資理財暢銷作家

小車 × 存股實驗 著

讓 ETF 成為你生活的後盾

「Life 不下課」主持人 / **歐陽立中**

說實話，當出版社邀請我為小車新書寫推薦序時，我內心第一個反應是：「蛤？你沒搞錯吧！」雖然我在 Podcast 偶爾聊聊投資，在讀書會偶爾說說理財書，但談起投資理財，絕對不會有人想到我啊。

不過，在讀完小車的《給存股族的 ETF 實驗筆記》後，我覺得出版社真的慧眼獨具，因為由我來推薦這本書，再適合不過了。為什麼呢？因為我發現自己跟小車有兩個共同點：

第一，我們都是文科生

這點很重要，很多人不敢碰股票，是因為覺得自己數學不好，看到股票上一堆密密麻麻的數字就昏頭。殊不知，投資股票跟你數學好不好，一點關係也沒有啊！好啦，有一點點關係，就是你至少要會加減乘除。而小車這本書，你完全可以放心，

因為連數學不好的我都讀得懂。更有趣的是，在股票數字和圖表之間，小車還穿插了許多文學典故，讓你從中領悟投資心法。

第二，我們都是 ETF 的持有者

也許對一些人來說，投資 ETF 很無聊，漲跌都是那樣的優雅，完全比不上個股爆起大落的刺激。是沒錯，但我問你，你敢把資金單押在一檔個股上嗎？當然不敢，為什麼？因為你怕看走眼。可是換作是 ETF，你是不是比較敢押重本呢？因為你知道 ETF 會幫你分散風險、汰弱換強，還有不錯的股利，讓你現金流源源不絕。這就是為什麼小車和我都選擇 ETF 的原因。

回到《給存股族的 ETF 實驗筆記》這本書，平心而論，我認為**這不是一本鼓吹你靠股票致富的書，卻是一本誠懇鼓勵你留在市場，讓股票成為你生活後盾的書。**

為什麼呢？因為打開電視，你不時會看到有投資人，因為想靠股票翻身，槓桿開太大，最後慘賠失利，萬念俱灰結束人生的新聞。當你把股票視為致富的唯一路徑，那麼他就會化身成「魔戒」，不斷誘惑你賭更大，忽視本業，無視風險，終將被貪婪所吞噬。

但你也無須視股票為洪水猛獸，因為只要運用得當，他會

成為你生活的絕佳後盾。因為如果你只靠工作賺錢，總有退休無法賺錢的一天；如果你只把錢存銀行，總會默默被通膨怪獸給吃掉。只有透過股票，讓你的辛苦錢參與市場的成長，才能讓你即使在睡覺，錢也會慢慢長大。

　　至於怎麼做？小車給了最簡單明確的做法。像是「**挑選ETF的四大原則**」，近年來國人瘋買ETF，券商也投其所好，推出各種ETF金融商品，但不是看到ETF就像週年慶一樣亂買。你必須知道這檔ETF的屬性，是市值型？高股息？還是主題型？另外，你也必須了解他的規模和流動性，以防下市的風險。還有，這檔ETF現在是溢價還是折價，是否偏離淨值太多？

　　如果以上這些對你而言還是太難，沒關係，貼心的小車還把投資心法變成一句句的「存股小語」，像是：「選股邏輯是珍珠，年配季配是木盒」、「存定存股是養雞，存成長股是養豬」、「存股總在曖昧中緩步前行」等。讓你在投資的眾聲喧嘩裡，保有一絲自己的理智。

　　如果你對股票仍懷有疑慮，沒關係，先好好讀完《給存股族的ETF實驗筆記》吧！讀完後你會發現，投資是這樣：先行動再說，但記得「分批進場，逢低加碼」。久了之後，那些當初你參不透的道理，慢慢也就了然於心了。

歐陽立中

讓存股成為你贏得財富與幸福的助力

《存股輕鬆學》系列財商書作者、「孫悟天存股-孫太」
版主 / **孫太**

存股與人生你可以雙贏。

小車與我都是女生、媽媽、作家等擁有多元身分的存股族，所以一聽到出版社告知小車即將出新書的好消息，我真的非常開心。

立馬放下手邊所有事，就連寫到一半的書稿都直接停筆，趕緊先來拜讀小車的新書《給存股族的 ETF 實驗筆記》。

書中把許多投資人，實際進入投資市場前幾年時所面臨的困境心情和轉折，以及從金融股轉而嘗試 ETF 的心境和感想，全都如實的分享在書裡，這真的不太容易。

最令我感動的是，這次新書還多了很多濃濃的愛意。

像是原本反對買股票的老公，最後決定一起加入投資理財的行列，並將兩人的投資方式透過提問與回覆分享給讀者。夫妻倆，即便面臨投資想法不一樣的時候，依舊可以相互尊重，這點真的是非常難能可貴的。

即便是投入股市多年的我，現在跟老公兩個人對投資的想法，還是偶有不同。

小車在分享她分享生活中落實生活中的原子習慣，如同我常說的生活跟投資兩者密不可分是一樣的概念。

在談如何陪伴孩子那一段，也讓我深刻感受到小車是個充滿愛和智慧的母親。

最後，如果你也想獲得存股與人生的雙贏局面，那我推薦你一定要來看看這本書，更多書中的精彩內容，就保留給讀者自己細細品嚐囉。

祝福每一位讀者，存股與人生皆雙贏，投資過程中莫忘初心，切記「**保守心，勝過保守一切，因為一生的果效是由心發出。**」

穩定存股心態，投資策略與時俱進

「小資族的存股翻身記」版主 / **王鉢仁**

　　很恭喜小車老師再次出版新書，從她前年寫的第一本理財書獲得如此廣大的迴響，就知道讀者對她的喜愛程度，本人也很榮幸能再次為她的新書寫推薦序。

　　小車老師一直是非常真誠，而且充滿熱忱的存股達人，她的文章更是深受小資存股族的認同和喜愛。原本是平凡上班族的她，靠著穩健且靈活的存股策略，在短短數年之內，得到極佳的獲利和績效，也讓資產有了顯著的提升。

　　這幾年因為疫情，烏俄戰爭，美元升息的影響，相信有不少人在投資方面遇到了一些阻礙，也讓投資人思考如何調整持股，以期待未來能有更好的獲利表現。

　　而小車老師有鑑於美元升息，導致金融股價格飆升，為了

增加投資績效，因此從原本以金融股及個股為主，轉而透過自己獨創的 ETF 四大選股原則，去找出價位合理，規模夠大，流通性足夠，而且獲利穩定的優質高股息 ETF 及美股 ETF，並且得到了極佳的成果。

同時為了避免個股及同產業 ETF 起伏過大，因此也分散至市值型的 ETF，這樣調整過後的投資策略，除了大幅提升了投資績效，原本持有的金融股，因為成本夠低，獲利穩定，也發揮了穩定投資心態的效果。

雖然我常在文章說存股不需要高深的學問，也不太需要過多的技術線型分析，只要有穩定踏實的存股紀律，然而大環境的變化，真的是讓存股者有些措手不及。

這幾年自己核心持股的獲利不如預期，也讓我深深覺得，**存股除了保有穩定的心態，投資策略也必須與時俱進**，也因此我跟小車老師一樣，逐步分散部分資金，轉而投資高股息 ETF 及民生股，希望來年能有更好的投資績效。

存股是一條漫漫長路，並非一蹴可幾，要能夠可長可久，除了試著提升本業收入之外，讓自己有底氣持續前進，也需要努力節流，減少不必要開支，增加儲蓄率，才有能力投入更多本金，進而擴大存股的基礎。

九層之臺，起於累土，涓滴成流，終為大海。

存股雖然是慢慢累積的過程，但是透過複利的加持，最後匯聚的力量是難以想像的。常聽人說存股有如十年磨一劍，剛開始我也覺得辛苦而且煎熬，但是只要保持紀律，堅定自己的腳步，存股會像呼吸一樣自然，並且一步步地幫助你實現人生的夢想。

身為小資族，我很明白存股帶來的改變及好處。原本低薪的我，對未來感到十分徬徨，如今即將邁入存股的第八年，覺得越來越輕鬆自在。透過存股創造的現金流，每年增加的被動收入，除了讓我放下了工作重擔，也讓我在這幾年裡，能放心照顧病榻中的母親，直到陪伴她圓滿離開，不留下遺憾。

最後要說的是：書中自有黃金屋，一本好書傳達的理念，可以讓你少走很多冤枉路，過去的我就是靠研讀幾位老師和達人們的理財書，開始了存股理財之路，進而逐步翻轉人生。

同樣地，透過小車老師多年成功的投資經驗，以及靈活的存股策略，相信可以為踏入存股的朋友們，指引正確的方向，從而增加被動收入現金流，並達成財務自由的最終目標。

選對長線績效佳的 ETF，讓資金效益最大化

財經作者 / **大俠武林**

存股是什麼？價差又是什麼？

股價位階處於基本面以下，做持有，領到股息回買。
股價位階漲離基本面太多，做調節，資本利得回收。

所以存股和價差的抉擇，就在於投資人是否能對於手上持有的公司基本面和股價關係，有高度的認知。認知夠深，就更能懂得在不同價值位階時，做出相對應的決策。

也可以這樣說，存股和價差與否，取決於公司本身。

要是這間公司基本面能持續成長？那麼投資人繼續持有。
要是公司經營實力已經很明顯跟不上股價的漲幅？投資人當然

可以暫緩投資腳步，又或者是抽回資金去其他更具有價值的產業類股。

要知道股東才是公司的老大，
公司經營績效令投資人不滿意，不需委屈求全，
一鍵給他清空轉換到其他產業，非常合情合理。

而做轉換有三種基礎方式：
1. **全數調節，資本利得回收**
2. **賣掉成本留下獲利在市場上繼續滾動**
3. **都不賣，持續領股息**

第一種方式最容易理解，全數賣出回收資本利得，並且把本利和轉去其他更具潛在價值的產業。優點是眼光精準一次轉換有機會能搭上下一台報酬成長的列車，但缺點是在轉換的過程中，如遇行情不如預期，可能會經歷股市波動震盪，甚至跌倒懷疑自己的眼光是否出錯。

第二種方式，投資一間公司多年，假設數年前只用 100 萬本金，數年後滾出了 180 萬本利和，我們將成本 100 萬抽回，把 80 萬利潤繼續放著。優點是有時後會遇到明明基本面已經不行的公司，當我們做調節後，結果卻是起漲爆噴的開始，所

以為了避免這種情況的發生，我們可以選擇先將成本抽回的方式，讓投資人更能輕鬆的看待市場波動行情。缺點為如果公司基本面開始長期下行，那麼原本的獲利將會大幅縮水。

第三種方式，領股息拿去買其他更具價值的產業或者是ETF。

此方式跟小車老師在這本書中所講的策略，不謀而合。

小車老師在前作中提及「金融股 5-4-3 規律」存股法則，教我們如何利用一些產業特性來算出合理價區間。本書則更進一步說明，當我們庫存中核心持股的位階都普遍高漲時，投資人不必硬是回頭買貴，而是可以搭配一些長線績效良好的 ETF 來將資金效益放到更大。

大俠對於小車在本書中闡述的方式表示贊同，所以在看了邀稿文件後，也著手寫了序推廣給大家。

大俠認為，能夠在一本書中吸收到作者多年的存股方式，此方式還不用天天看盤殺進殺出，更不需要為了一個波動就心驚膽跳，這真的是全世界最幸福的事了。

大俠武林

點讚推薦

「投資是一個學習的過程，成果會反映在資產上。」

——**股海老牛**｜價值投資達人

「在交易市場中，恐慌情緒很容易造成誤判，並且損失辛苦賺來的血汗錢。追蹤小車的粉絲團好一段時間，她總能在關鍵時刻安撫投資人，讓人回歸理性，從投機心態回歸投資的本質。小車建議的做法相對穩健，最主要是能讓人安心，這對我來說是非常珍貴的價值！」

——**洪仲清**｜臨床心理師

「多一個學習，多一個選擇，讓實驗與修正成為投資的幸福依歸。」

——**郝旭烈**｜企業知名財務顧問

「巴菲特曾說：『投資很簡單，但卻很難做得好。』關鍵原因在於人們想要盡快致富，而非慢慢致富。此書指導之方法簡單卻實用，幫助新手實現『做得好』。」

——**愛瑞克**｜TMBA 共同創辦人、《內在原力》系列作者

「這兩三年金融市場如雲霄飛車，小車用自己的存股實驗證明她非但沒有睡公園，總市值還翻了 1.5 倍，越存越有錢！」

——**詹璇依**｜財經主播／主持人

「一場貼地氣可複製的 ETF 實戰之旅。」

——**葉芷娟**｜財經主持人

CHAPTER

1 小車的 ETF 實驗室

存股小語：
慢慢來，卻得到更多

5 存股的原子習慣：理財就是理好人生

CHAPTER

6 從存股到買房：打造自己嚮往的生活

維持存股初心，選擇更加多元

　　哈囉！各位新舊讀者大家好！我是 FB 粉專「小車 X 存股實驗」的版主小車，一位文科畢業的平凡上班族，年齡落在七年級前段。從小對數學不太在行的我，原本對股票也是一竅不通，投資觀念十分保守，工作存下來的錢只會放定存與儲蓄險。直到 2013 年，我繼承了父親南亞（1303）、亞泥（1102）這兩檔股票，為了妥善管理不至於敗光父親省吃儉用累積下來的資產，我開始研究股票投資。

　　直到 2017 年南亞（1303）獲利大爆發，一股配了 4.5 元股利，初嚐股利碩果的我，發現原來股票要賺錢除了買低賣高賺價差，也可以自己來當小股東，將資金加盟自己心儀的優質公司，每年靠領股利與公司共享盈餘成果。而這種買股票、緊抱持股領股利的投資方式，正是現在社會大眾的投資顯學──

存股。

　　後來我在 2021 年初創立了粉專「小車 X 存股實驗」，將自己從 2013 年至 2021 年選股、買股的方式、持股心法與心路歷程撰文於網路分享，目的就是想激勵與我一樣曾經對股票、數字害怕的投資小白，可以有方法與正確心態邁開步伐一起來存股。而這段期間的文章，也彙整成了第一本著作《給存股新手的財富翻滾筆記》，內容著重於介紹金融股、南亞、亞泥、台積電……等「個股」的挑選及買進方式與操作實務。

　　時至今日，這些個股依然是優質公司，而我也仍舊緊抱著股票領股利、累積資產市值。然而，再優秀的公司也有逆風的時刻，單壓個股一旦公司獲利不如預期，當年配發的股息註定慘兮兮，持有過程中也讓我感受到投資個股的風險，進而開始思考個股之外搭配 ETF 的可能。

個股以外，新增 ETF 標的

　　領股利為主的核心持股方面，適逢 2022 年初金融股瘋漲，即便遇到全年大盤修正近 6 千點，其價格也未曾跌回 2018 ～ 2021 年的水準，若 9 月除息後執意買進金融股，不僅殖利率不如以往優秀，持有均價還容易套在相對高點。但為了使複利效應持續發揮，每年累積股票資產的腳步勢必不能停止，於是

2022 年除息後，我開始研究金融股以外的領息標的。

恰巧當時國泰永續高股息 ETF（00878）、元大高股息 ETF（0056）受其科技成分股大幅修正影響，價格屢創新低，原本普通的殖利率，因價格的連番修正竟默默爬升超過了 6％。相對於當時殖利率連 4％ 都不到的金融股，高股息 ETF 顯得更物美價廉，所以 2022 年我開始買進這兩檔高股息 ETF。

成長股部份，存台股起家的小車，在持有台積電（2330）的過程中，發現台灣地緣政治因素的干擾實在不小，以及單壓一檔個股的風險，因而逐漸將持股範圍拓展到台灣上市的美股 ETF，如：統一 FANG+（00757）、國泰全球品牌 50（00916），從單壓個股分散到 ETF，從單壓台股分散到美股市場。

我的資產成長，年化報酬高達 18.4%

2022 ～ 2023 年我減額繳清了所有儲蓄險，讓原本應支付儲蓄險的資金可以投入存股，然而 2023 年也多了一筆預售屋工程款的支出，導致實際投入存股的資金有限，甚至小於我從證券戶領出的錢。不過我的股票資產不僅沒有減少，反而還有所成長。截至 2023 年 12 月，小車的股票總市值攀升到 713 萬（不含父親資產），年化報酬高達 18.4%。

2021 〜 2023 年的投入資金和市值變化

2021 年股票市值		2022 年投入金額		2023 年投入金額		2023 年提出支付房屋工程款		2023 年股票市值（含股息再投入）
475 萬	+	52.2 萬	+	37 萬	−	46 萬	=	713 萬

　　這兩年的股票市值成長主要來自於股息再投入，每年定期進帳的股利，讓我即使因支付房屋工程款而減少投入金額，股利現金流仍提供了不少資金動能買股。核心持股方面，小車所持有的金融股市值仍維持高檔，加上 2022 年逢低買進的 ETF：元大高股息（0056）和國泰永續高股息（00878），這兩檔除了配發年約 6％的股利，市值也拜 AI 成分股狂飆所賜分別貢獻了 14.1％、24.79％不小的漲幅。

　　成長股方面，台積電（2330）仍處於低檔徘徊，所幸小車把握 2022 年價格下修時不斷加碼零股，將持有均價拉低至 511 元，目前市值成長以小增 13.44％收尾；至於統一 FANG+（00757）雖然修正時跌幅驚人，但狂飆時帶來的漲幅也令人驚豔，未實現損益一度從 -35％漲至現在的 36.39％；而 2023

年 1 月開始存的國泰全球品牌 50（00916）也貢獻了 22.92％的漲幅。

回首向來蕭瑟處——走過 2022 年股市震盪

其實小車新增這些 ETF 標的過程並非一帆風順，買進時間恰逢 2022 年大盤修正，一路自年初的一萬八千點跌到 10 月的一萬二千點，時至落筆今日 2023 年 12 月大盤指數仍在一萬七千四百點徘徊，尚未爬回下跌前的一萬八千點。我抱著這些實驗標的歷經一趟超過一年的大怒神之旅，直到 2023 年 6 月我手上所有標的才全數由負轉正。所謂：「新手怕急跌，老手怕盤跌」，相對於 2020 年新冠肺炎股災的急跌，2022 年的緩跌更加考驗投資人耐性。（這段歷程的詳細描述，詳見 3-2）

在這一段難熬的日子裡，持有金融股與國泰永續高股息（00878）給足了我底氣。自 2018 年開始買進的兆豐金（2886）、合庫金（5880），經過多次配股配息和股價攀升，我的持有均價早已遠離市價，即使 2022 年大盤修正了近六千點，我的金融股未實現損益始終保持不動如山的紅色。再加上 2022 年陸續買進的 00878 充分展現高股息 ETF 耐跌的特性，無論股市如何震盪，未實現損益始終不低於 -8％。

這幾檔標的超牛皮的價格以及定期入帳的股利，成為我

股災時最大的安定力量，也讓我深深感受到股票資產配置的重要。有標的衝刺，也須有標的防守，才能在關鍵時刻幫助我們站穩腳步。持有趨勢向上的成長標的，除了堅持信仰外，亦可搭配價格起伏和緩且提供穩定股利的核心標的，方能助我們平安走過每一次股市震盪。有了妥善的配置，相信未來各位在面對股市下跌時，心態也能如蘇軾的詞句，淡然處之：

回首向來蕭瑟處，歸去，也無風雨也無晴。

修正後再出發——我的股票資產配置省思

走過 2022 年金融瘋漲和大盤修正，小車接下來會分享自己持有股票的心路歷程，以及經歷這次股災後的感悟與修正。

有鑑於以往單壓個股或同一種產業 ETF 價格起伏過大，2023 年我開始存產業、市場相對分散的 ETF，如：富邦台 50（006208）、國泰全球品牌 50（00916），雖然它們的漲幅不如台積電（2330）、統一 FANG+（00757）來得驚艷，但相對和緩的跌幅，能助我在股災時少些驚嚇。

至於核心持股，不再拘泥於官股金控，選股邏輯符合個人需求的高股息 ETF 也會納入存股考量，買進依據在於「價格殖利率」，誰 CP 值高就買誰。期望透過產業較分散的市值型

ETF，搭配已有的個股和高股息 ETF，在兼具股息與成長趨勢的搭配下，未來面對股市大跌可以減緩焦慮的情緒，抱得更安心。

我抱核心持股領股利 10 年，
腳步慢了些，但一直在市場

自 2021 年起，歷時兩年半，「小車 X 存股實驗」追蹤人數已經超過 5 萬人，感謝大家的支持與喜愛。最初在粉專寫文是為了分享，現在寫文更多是為了責任。有這麼多因為看了我的文章、讀了我的書而勇敢踏上存股之路的朋友，我必須不斷透過文章更新來證明「我還在」。

2021 年臺灣新冠疫情爆發，我在；

2022 年大盤修正近六千點，我在；

2023 年 AI 狂漲存股變飆股，我在；

我抱核心持股領股利 10 年，我還在，而且沒有睡公園。

當然，我的存股方式並非一成不變，隨著閱讀與實務經驗的積累，我的財商也在持續更新與成長。從一開始存個股，到後來嘗試買進高股息 ETF、大盤 ETF；從台股慢慢拓展到美股 ETF；從單壓個股、單一產業到分散產業與投資市場的 ETF；

從每個月盯緊金融、台積電財報，到現在打開股票 APP 鎖定標的便宜就買，昂貴就關。我的心情變得更輕鬆、更坦然，並將我成長過程中的體悟與實驗落筆成文，與讀者分享，盼望大家能與我一起走下去。

　　小車存股實驗，持續進行中……

01
CHAPTER

小車的 ETF 實驗室

本章重點

小車將分享自己爲何會開始存 ETF，以及如何挑選、買進、持有 ETF 的經驗談。

1-1 當計劃趕不上變化，開啟投入ETF契機

大家都知道小車是存個股起家的，上一本書《給存股新手的財富翻滾筆記》分享了買個股領股利所需具備的知識、方法與心態。

當時我的核心持股全為金融股，但後來金融股自 2021 年尾受到升息炒作影響，即便 2022 整年大盤修正近六千點，價格始終維持在高檔。到了 2022 年 8 月除息後，是小車每年規畫的金融股買進期，卻仍未出現適合加碼的價格，乾等下去又擔心當年無法順利買完預定投入的金額，中斷複利效果。

正巧當時高股息 ETF 適逢電子與航運成分股大跌，而導致殖利率反超金融股，因此 2022 年除息後，我將原本要投入

核心持股的資金，改買元大高股息（0056）、國泰永續高股息（00878），展開了我的 ETF 存股實驗。

　　至於成長股部分，原本小車以存台積電（2330）與統一 FANG+（00757）為主，然而 2022 年經歷俄烏戰爭、全球通膨不斷推升、美國聯準會暴力升息、市場恐慌氛圍拖累科技股走勢……等狀況接連重創全球股市，台股亦隨之一路向下修正，從年初最高 18,619 點，一度最低來到 12,629 點。這段期間除了以零股持續加碼台積電、00757 外，也體悟到一家公司再優秀、產業前景多光明，總會有時運不濟的時候。雖然好公司遇上倒楣事，股東就是持續逢低加碼，但眼看台積電、00757 大幅走跌，帳面上大筆的未實現損失金額，讓我深切感受到持有單一產業、個股的風險性（00757 雖為 ETF，但成分股僅 10 家公司且集中在科技股，風險不夠分散）。

　　好在後來有驚無險地走過 2022 年的股市低谷，於是 2023 年我開始嘗試存產業、市場相對分散的 ETF，如：富邦台 50（006208）、國泰全球品牌 50（00916），藉此分散偏重個股的風險，未來面對股市大跌亦可減緩心情的起伏、抱得更安心。

2017 年

2013~2017 年，繼承並緊抱父親持股，
2017 年南亞股利大爆發……

決心踏上存股之路！

南亞
1303

亞泥
1102

2018-2021 年

**本金 330 萬→滾出 475 萬！
成長 40.5%，年化報酬 8.8%！**

小車先生
一起加入
存股！

10 多年積蓄，
分 4 年投入

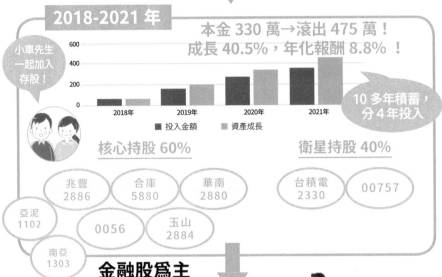

■ 投入金額　■ 資產成長

核心持股 60%

兆豐
2886

合庫
5880

華南
2880

亞泥
1102

0056

玉山
2884

南亞
1303

衛星持股 40%

台積電
2330

00757

金融股為主

2021-2023 年

**金融股＋ETF
475 萬→ 713 萬！
成長 50.1%，年化報酬 18.4%！**

核心持股 60%

兆豐
2886

合庫
5880

華南
2880

0056

00878

亞泥
1102

南亞
1303

成長股 40%

台積電
2330

00757

00916

006208

由於市面上介紹 ETF 的專書眾多，其他投資達人對 ETF 的了解也比小車專業，本章僅分享個人持有的 ETF、買進理由以及持有的心路歷程，供大家參考。

💰 ETF 就像獨家的綜合餅乾禮盒

首先，我們先來簡單了解一下 ETF：

✏️ 何謂 ETF ？

ETF 英文原文爲 Exchange Traded Fund，中文稱爲「指數股票型基金」，是一種由投信公司發行，追蹤、模擬或複製標的指數之績效表現，在證券交易所上市交易的開放式基金。ETF 兼具開放式基金及股票之特色，上市後可於初級市場進行申購或買回，亦可於次級市場盤中交易時間隨時向證券商下單買賣。（參考來源：臺灣證券交易所網站）

換個角度來說，發行 ETF 的投信公司，如同製作綜合餅乾禮盒的工坊，以獨門配方和比例來配置各種口味的餅乾，而負責銷售的各大券商，就是餅乾鋪子，可以選擇單賣各種口味的餅乾（個股），也可以販售投信公司發行的綜合餅乾禮盒（ETF）。

不過，ETF 的配方專利屬於投信公司，各大券商若想賣綜合餅乾禮盒（ETF），必須帶著與配方相對應比例與數量的餅乾（個股），或是足夠的現金給投信公司，才能換回綜合餅乾禮盒（ETF）。而投信公司也不會閒閒沒事等人來換購一兩盒餅乾禮盒，所以會設定每次交易的基本單位就是 500 盒（500 張 ETF），然後各大券商以一組 500 盒為單位，來評估自己要換多少組回去賣，這就是初級市場交易。

一般客人（散戶）可以去餅乾鋪子，以市價選購自己要的綜合餅乾禮盒，也就是我們熟悉的股市盤中、盤後買賣，稱為次級市場交易。也有一些大散戶不甘心買市價較貴的禮盒，會乾脆帶著一大筆錢或相對應比例的餅乾，委託餅乾鋪子（券商）以批發價（ETF 淨值），向發行公司購買餅乾禮盒，但前提是須以一組 500 盒（500 張 ETF）為起跳單位來購買。

因此大家對 ETF 不用感到恐懼，買 ETF 也是買股票，差別在於 ETF 是把各類股票按不同比例組成股票禮盒而已。如果你喜歡某個股票禮盒的配置，買一檔 ETF 不僅能一次擁有多種股票，還能分散自己的持股風險。但不是所有 ETF 都能分散風險，就跟挑選個股一樣，選擇錯誤也會帶來損失，所以還是該勤做功課。

ETF 概念圖

餅乾禮盒製作工坊（投信公司）

組成成分

40% 35% 25%

ETF 甲
禮盒批發價
（ETF 甲淨值）

ETF 乙
禮盒批發價
（ETF 乙淨值）

組成成分

10% 20% 30%

5% 35%

初級市場

交易基本單位：
1 組 =500 盒餅乾禮盒
（=500 張 ETF）

（委託）

餅乾鋪子（券商）

大戶
批發價購買

次級市場

ETF 甲
市價

ETF 乙
市價

市場（股市）

散戶
市價購買

買 1 組
500 盒

1-2 核心持股該買金融股，還是高股息 ETF？

2022 年 8 月除息後，有粉絲朋友發現小車領股利為主的核心持股，開始納入高股息 ETF，紛紛好奇為什麼不買金融股了呢？

由於升息利多的消息發酵，金融股自 2021 年尾至 2022 年股市瘋漲了一大段，導致原本物美價廉的股票變得貴鬆鬆，也讓每年固定在八月中除息後加碼的小車傷透腦筋，到底該繼續買金融股，還是轉戰高股息 ETF 呢？最終的選擇與理由且聽我娓娓道來吧！

當金融不再物美價廉

小車的第一本書《給存股新手的財富翻滾筆記》中，提到核心持股主要是官股金控，且每年按照自創的金融股「5-4-3

「規律」來持續累積張數。

✏️ **小車的金融股「5-4-3 規律」：**

▶【前置期 5 個月】4 月～ 8 月：

　按兵不動，鎖定除息日，存錢並規畫買進張數。

▶【買進期 4 個月】8 月中～ 12 月：

　除息當月買完規畫張數，逢低再加碼。

▶【加碼期 3 個月】1 月～ 3 月：

　年終獎金最後加碼，坐領股利。

當然，若核心持股只能接受金融股的朋友，每年可以繼續按照「5-4-3 規律」買進。不過近兩、三年來金融股價格一路飆漲，甚至在 2022 年 4 月甚至創下歷史新高，如：兆豐金（2886）45.4 元、合庫金（5880）31.5 元、華南金（2880）25.7 元、玉山金（2884）35.7 元……等，而金融屬於成熟且穩定的產業，每年股利不會有太多突破，所以這一大段不合理的漲幅，大大降低了金融股的殖利率。

高點時不僅現金殖利率不如以往甜甜的 6%、7%，有些漲幅離譜的金控還低到只剩 3%，這樣的金融股便不再物美價廉。

我們來複習一下前作中，小車提及挑選**核心持股**的 5 大選股原則：

Rule 1 ▶ **穩定配息超過 10 年以上。**
Rule 2 ▶ **每年配息落差不要太大。**
Rule 3 ▶ **股價波動小，可安心持有。**
Rule 4 ▶ **盈餘分配率 70%以上，公司夠大方。**
Rule 5 ▶ **股息殖利率 5%以上，累積資本更容易。**

由上列原則可知，我的核心持股除了選擇長期股價、配息穩定的好公司之外，「**買進價格**」也很重要，挑好股票後須符合原則 5「**股息殖利率 5%以上**」再買進，才能確保自己的持有價格落在一定程度的安全範圍內。前四項基本上短時間內少有變動，惟有原則 5 的股息殖利率會隨價格起伏，須嚴格執行才能避免拖累資產累積速度。

投資股票的風險高於定存、儲蓄險是個不爭的事實，當買進核心持股的報酬率不到原本設定的 5%以上，與保本的投資相差無多時，漲高的金融股對小車而言，便失去了自己當初甘冒持有個股風險的理由。當然，2021 年以前已買進的金融股若是公司營運沒問題，便續抱領股息。不過 2022 年除息後預

計買進的部分，我開始思考是否有更好的選擇？

2022 年 8 月除息後
金融股、高股息 ETF 殖利率大 PK

時間拉回至 2022 年 8 月除息後，每年小車現金買股依價格「殖利率」篩選，全配現金的股票殖利率我會設「5%」為下限，低於 5% 便不會購入；至於有配股的，我會設定賣掉配股的**實際報酬率**要有「7%」以上（僅為衡量買進價格的標準，不會真的把股賣掉）。

殖利率＝股利 ÷ 買進價格×100%

由於每一張股票配發的股利皆相同，因此我們買進的價格越便宜，持有的殖利率就越高。以下比較當時各檔價格殖利率（手續費忽略不計）：

兆豐金（2886）

1. 根據 2022 年前半年 EPS 推全年股利

2022 年前六個月 EPS 分別為 1 月 0.1 元、2 月 0.16 元、3 月 0.18 元、4 月 0.13 元、5 月 -0.08 元、6 月 0.1 元，累積 EPS 共 0.59 元。

假設剩下 6 個月每月賺 0.13 元，推估全年 EPS 為 1.37 元（0.59+0.13×6 = 1.37），再乘上根據兆豐金慣有的盈餘分配率85％，可推估 2023 年股利約為 1.16 元（1.37×85% ≒ 1.16）

2. 評估除息價殖利率

將預估的股利 1.16 元，除以 2022 年 8 月 11 日除息價 34.9 元（於除息前一日收盤後可算出），殖利率為 <u>3.3%</u>（1.16 ÷34.9×100% ≒ 3.3%）。

🖊 短評：不買

現金殖利率只有 3.3%，不足 5%，先不考慮買進。

合庫金（5880）

1. 根據 2022 年前半年 EPS 推全年股利

2022 年前六個月 EPS 分別為 1 月 0.1 元、2 月 0.09 元、3 月 0.13 元、4 月 0.07 元、5 月 0.13 元、6 月 0.14 元，累積 EPS 共 0.66 元。

假設剩下 6 個月每月賺 0.11 元，推估全年 EPS 為 1.32 元（0.66+0.11×6 = 1.32），再乘上根據近年慣有的盈餘分配率85％，可推估 2023 年股利約為 1.12 元（1.32×85% ≒ 1.12）

股利 1.12 元再根據以往現金 8 成、配股 2 成的股利政策，推估配現金 0.9 元，配股 0.22 元。

2. 評估除息價殖利率

買一張合庫金可配現金 900 元、22 股

22 股×23 元（2020～2022 年均價）＝ 506 元

合庫金 2022 年 8 月 10 日除息價為 26.7 元（除息前一日可算出）。

（900+506）÷26,700（一張除息價的合庫金）×100％≒
5.3％

✎ **短評：不買**
估算賣掉配股後的實際報酬率僅 5.3%，距離自己設定的目標 7%太遙遠，不考慮。

華南金（2880）

1. 根據 2022 年前半年 EPS 推全年股利

2022 年前六個月 EPS 分別為 1 月 0.09 元、2 月 0.07 元、3 月 0.12 元、4 月 0.11 元、5 月 0.11 元、6 月 0.11 元，累積 EPS 共 0.61 元。

假設剩下 6 個月每月賺 0.1 元，推估全年 EPS 為 1.21 元
（0.61＋0.1×6 ＝ 1.21），再乘上根據近年慣有的盈餘分配率
85%，可推估 2023 年股利約為 1.03 元（1.21×85%≒1.03）

股利 1.03 元，根據前一年現金 7 成、配股 3 成的股利政策，
抓配現金 0.7 元，配股 0.33 元。

2. 評估除息價殖利率

買一張華南金配現金 700 元、33 股

33 股×20 元（2020～2022 年均價）＝ 660 元

華南金 2022 年 8 月 11 日除息價為 22.8 元

（700＋660）÷22,800（一張除息價的華南金）×100%≒

5.9%

> ✏ **短評：不買**
>
> 估算賣掉配股之後的實際報酬率為 5.9%，優於合庫
> 金，是我持有的三檔官股金控裡報酬率較佳的股票，不過
> 距離自己設定的 7%仍有段距離，於是當時我興起了比較
> 幾檔同時期高股息 ETF 殖利率的想法。

※ 註：後來 2023 年 4 月華南金股利政策公布，僅配發現金股利 0.59 元、不配
股，盈餘分配率低至 46.5%，震驚金融存股界。可見歷年股利政策就算再穩，
也只是過去式。我們可以用來推算股利、衡量買進價格，但也只能是參考，難
保預估沒有翻車的時候。

元大高股息（0056）

由於 ETF 成分股眾多，無法像個股一般觀察前半年 EPS 及股利政策來推估股利，僅能參考前一年的配息。

2021 年 0056 配了 1.8 元，而 2022 年 8 月中價格約在 29.3 元上下起伏，殖利率為 6.1%（1.8 ÷ 29.3 × 100% ≒ 6.1%）。

> ✏️ **短評：買**
> 現金殖利率超過 5%，而且還高於金融賣配股的報酬率，相形之下似乎沒有什麼理由不買它。

※ 註：0056 自 2023 年 5 月正式加入季配息行列，除息月份訂為 1、4、7、10 月，未來該檔 ETF 殖利率估算方法也要比照 00878 的模式，取最近四次的季配息加總為全年股利。

國泰永續高股息（00878）

本檔 ETF 為季配息，最接近 2022 年 8 月的四次季配息分別為 0.28 元、0.3 元、0.32 元、0.28 元，一年股利合計 1.18 元。2022 年 8 月中價格約在 17.3 元上下起伏，殖利率為 6.8%（1.18 ÷ 17.3 × 100% ≒ 6.8%）。 🩶

短評：買

現金殖利率超過 5%、季配息可以提早拿到股利再投入，而且殖利率還高於 0056 與金融賣配股的報酬率，是這五檔裡最值得買進的標的。上市時間二年（以 2022 年 8 月角度），但比起上市十餘年的 0056，我更願意相信 00878 多一些，可以嘗試分批買進，不過投入金額會小於 0056。

金融股、高股息 ETF 殖利率 PK 表

選股原則／比較標的	Rule 1 穩定配息超過 10 年以上	Rule 2 每年配息落差不要太大	Rule 3 股價波動小	Rule 4 盈餘分配率 70% 以上	Rule 5 股息殖利率 5% 以上	備註
兆豐金 (2886)	✓	✓	✓	✓	✗ 3.3%	
合庫金 (5880)	✓	✓	✓	✓	✗ 5.3%	賣配股報酬率要 7% 以上
華南金 (2880)	✓	✓	✓	✓	✗ 5.9%	賣配股報酬率要 7% 以上
元大高股息 (0056)	✓	✓	✓	ETF 無法觀察	✓ 6.1% 購入	
國泰永續高股息 (00878)	✗ 上市 2 年	✓	✓	ETF 無法觀察	✓ 6.8% 購入	

※ 註：後來華南金 2023 年 4 月公告僅配現金 0.59 元，殖利率約 2.59%，出乎眾人意料，近年股利政策改爲全配現金，須再留意盈餘分配率。

基於以上數檔個股、ETF 的比較，2022 年 8 月除息後，我選擇了殖利率較高的兩檔高股息 ETF 分批買進。

　　若是配股的金融股，其賣配股的報酬率與高股息 ETF 差不多時，我會優先買進「高股息 ETF」。

　　一來現金股利是能直接到手的獲利，而須靠賣配股才能兌現的變數較大，也許等到配股入帳時市價會比當初估算的價格低；二來 ETF 的優勢在於風險分散，且具備汰弱留強的機制，還可省下研究個股的時間。

　　因此，並不是有配股的金融股就一定比較划算，關鍵仍在於「買進價格」。

懂得因時制宜，權衡變通

　　《呂氏春秋》裡有則小寓言：楚國人打算攻打宋國，派人事先在灉水裡設置標記，以便軍隊夜裡循著標記渡河突襲。不料後來灉河之水突然上漲，楚國人卻不知變通，依然順著原本的標記在夜間渡河，結果淹死了一千多人。

　　先前他們設立標記的時間是可以依標記渡水的，但後來水位發生變化，上漲了很多，楚國人卻仍照原定標記渡水，最終

落得慘敗收場。

由上述故事可知世事無絕對，股市每年局勢不同，我們也要懂得因時制宜，權衡變通。小車喜歡有配股的金融股，但若賣配股的報酬率遠高於 0056、00878，當然直接買進金融股；相反的，如果金融股換算殖利率與高股息 ETF 差不多的話，則它原本報酬率較高的優勢便不復存在，可以考慮改買高股息 ETF。

至於過去入手的金融股，儘管小車選擇暫時不加碼，但只要該檔金融獲利動能沒有衰退太多，穩穩續抱即可，不必刻意賣出換成高股息 ETF。

友情提醒

不是配股的金融股就一定好，須觀察獲利動能有沒有跟上股本膨脹；也不是殖利率高的高股息 ETF 就一定好，要看指數的選股邏輯，以及歷年填息的機率高不高。

1-3 我如何挑選 ETF

　　既然小車選擇分散一部份資產至 ETF，現在市面上 ETF 五花八門，又該如何挑選呢？下面來跟大家分享自己挑選 ETF 的原則。

小車挑選 ETF 的四大原則

　　以下分成「選股邏輯」、「ETF 規模與流動性」、「投資市場」、「一年以上觀察期」這四大面向來進行挑選。

一、選股邏輯

　　挑選 ETF 的重中之重，自然在於「選股邏輯」，可分以下三點細談：

1、認識 ETF 分類

挑選標的時，我們須先釐清自己想買的 ETF 是什麼類型，是追求市值成長的大盤 ETF？還是穩穩領股利為主的高股息 ETF？抑或是單壓某種產業趨勢的主題型 ETF？由於 ETF 類型眾多，小車僅就大眾常接觸的這三種 ETF 來解釋：

市值型 ETF

這類 ETF 基本上是貼著股市大盤走，績效與大盤類似，雖無法期待有什麼超額報酬，但能確保報酬率不會輸給大盤。台股市值型 ETF 如：元大台灣 50（0050）、富邦台 50（006208），其選股邏輯純粹取台股市值前五十大的公司，不摻雜其他附帶篩選條件，為最純的市值型 ETF。

這五十家公司市值合計占台灣股市將近 70％，與大盤指數高度相關。選擇存這類型 ETF 是看好台灣股市未來趨勢向上，買進並長期持有，以賺取多年後的資本利得（也就是賺價差），因此殖利率並非考慮的重點。有配息就當作是去餐廳吃飯，賺到老闆附贈一碟小菜，沒配息也無傷大雅，我們買的是台股長期趨勢向上的主菜。

高股息 ETF

此類 ETF 以穩定領息為主要訴求，價格徘徊於固定區間，

無法持續突破向上，長期含息報酬率較市值型 ETF 差。不過它的優點是與核心持股一樣具有穩定的股利現金流，新手入門可透過一次次領息取得成就感、建立存股信心，面對股市震盪也更容易站穩腳步，標的例如：元大高股息（0056）、國泰永續高股息（00878）。

由於這類 ETF 以領息為主，股價成長空間有限，因此價格「殖利率」是很重要的考量，若在殖利率低於 5％時買進，不僅容易套在高點，長時間複利效果也不好。

主題型 ETF

這種 ETF 是投信公司以某種產業為主題，如：5G、電動車、半導體、元宇宙、醫療生技……等，將該產業相關的公司全部納入同一檔 ETF 發行。這些主題 ETF 通常是迎合大眾看好的某種產業趨勢，或是時下熱門炒作的題材，至於未來能否上漲，端看投資人的眼光。

主題型 ETF 雖分散多家公司，但成分股容易集中在同一產業，風險跟單壓個股一樣大，甚至更大。因為此類 ETF 有時為分散而分散，可能會納入屬於該主題但體質不夠好的公司，如此一來比買熟悉個股還危險。

目前小車持有高股息 ETF 的比例較多，並慢慢開始增加大盤 ETF 的比例，**選股邏輯傾向於不要太複雜，越複雜代表模糊可介入的部分較多**。此外，主題型 ETF 因其成分股集中於單一產業「一榮俱榮，一損俱損」，較依賴投資人眼光，可以嘗試，但比例不宜過大。

2、標的更換不要太頻繁

　　既然我們存個股都是以「長期持有」為原則，當然 ETF 的選股邏輯也不例外。小車不喜歡成分股更換檔數太多的 ETF，一來大量買賣增加許多不必要的交易成本，二來公司好壞多半需要時間來證明，頻繁更換很可能扼殺了好公司展現獲利或市值成長的機會。

　　ETF 的好處是根據指數自動汰弱留強，既是汰弱留強，那成分股要真的弱再淘汰，如市值跌出台灣前 50 大、股息殖利率居於 30 檔成分股末段……之類有較明顯的問題再剔除。像是 0050 台灣市值前五十間公司變化不大，該 ETF 一次剔除與納入僅 1、2 檔股票，而 0056、00878 更是直接設定五進五出為上限，這些皆屬於更替檔數較少的 ETF。

3、內容物是什麼才重要

　　ETF 成分股就是我們實際買進的股票，其選股原則篩選出

來的內容要符合自己的需求，不求百分之百，但求百分之八十須是自己認為還不錯的標的。

市面上各式各樣的 ETF 百花齊放，猶如各家不同口味的餐廳任君挑選，我們選擇的重點在於要自己「喜歡吃」，或是依自己生活中不同目的，如減肥、價格、聚餐、約會……等來挑選。

當然每家餐廳的服務費不同，猶如每檔 ETF 的管理費各異，不過餐廳的菜色合不合自己口味才是重點，因此除非是兩家菜色一模一樣，否則我不會根據服務費高低來挑選餐廳。

二、ETF 規模與流動性

除了選股邏輯外，小車也很在乎 ETF 的規模與流動性，因為**規模太小會有下市疑慮，流動性不佳會使買賣交易不方便**，很有可能面臨到須掛低於現價一、兩檔的價格才能順利賣出的窘境，連帶盤中零股交易也會不太熱絡。

根據台灣證券期貨局的規定，ETF 最近 30 個營業日平均規模低於終止門檻（股票 ETF 終止門檻一般為 1 億元，債券 ETF 一般為 2 億元）就必須下市。因此 ETF 規模大一些，自然也就離下市遠一點，但也不是規模越大就越好，有時羊群效

應是盲目的，仍要回歸「選股邏輯」來挑選。

ETF 的流動性涉及的層面較個股複雜，無法根據單一成交量來觀察流動性，其內部各個成分股的流動性、屬性、國別，乃至於造市商庫存都會影響 ETF 的流動性。

因此我使用最直覺的方式，就是直接觀察盤中該檔 ETF 的即時交易明細，若幾乎「**每分鐘**」都有成交筆數，**代表流動性不錯**，小散戶的即時買賣不成問題。且 ETF 的上市規模也與流動性呈正相關，可輔佐參考。根據個人觀察，通常規模 50 億以上的 ETF 已具備很不錯的流動性。

三、投資市場

ETF 內含一籃子股票，除了理解選股邏輯是否符合自己需求之外，還要清楚該檔 ETF 成分股所分布的股票市場。

純台股

如大家耳熟能詳的 0050、006208、0056、00878、元大台灣高息低波（00713）……等，其成分股是「全台股」。

純美股

統一 FANG+（00757，美國科技尖牙股）、富邦 NASDAQ

（00662，追蹤美股 QQQ）、 元大 S&P500（00646，追蹤美股標普 500）……等，其成分股是「全美股」。

純陸股

如中信中國高股息（00882）、中信中國 50（00752），其成分股全是在香港或美國掛牌之「中國公司」，屬於「全陸股」。

跨國

另有國泰全球品牌 50（00916），為全球 50 檔龍頭品牌公司股票，遍布全球，選股排除中國、香港、俄羅斯的公司，不過比重上以美股為大宗，佔了 87%。又如富邦未來車（00895）不論舊品牌或是新技術，只要是與電動車相關的產業，都有可能被納入成分股，除了台股，亦有英、美、加、韓、日等國的公司。不過，同為電動車主題，永豐智能車供應鏈（00901）成分則全為台股，挑選前須先充分理解。

關於投資市場的偏好，小車持股絕大部分為台股，台灣在地的公司方便就近觀察與感受。不過這一、兩年開始嘗試將部分比例放在美股上，可以少些對岸軍事演習干擾股市的情況。個人傾向選擇自由經濟國家的股票，陸股暫不考慮，當然中國也有很多優秀的企業，但畢竟市場以外不確定的因素稍多，持有起來容易提心吊膽。（純粹個人想法）

四、一年以上觀察期

對於新發行的 ETF，小車喜歡至少留一年的觀望期，因為投信業者回推的績效有可能是截取有利區間的數據，不可盡信，要實實在在上市經歷過風雨仍屹立不搖的標的才可靠。

若真的覺得選股邏輯不錯，可小額分批邊買邊觀望，等過了一年觀察期後再加大投入資金。同時建議整體持有檔數不宜太多，以免心力與大跌時資金加碼皆分身乏術。持有的個股和 ETF 加起來最好不要超過 10 檔，可讓自己的投資生活更簡單輕鬆些。

為什麼 ETF 的折溢價不會偏離淨值太多

大家買 ETF 都知道要注意折溢價，避免溢價過高時購買會被市場割韭菜，但為什麼 ETF 折溢價不會偏離淨值太多呢？其原理是什麼呢？

ETF 是由投信公司以「ETF」和「股票」交換的方式，與簽約的大型證券商交易（一次須 500 張以上），再由大型證券商提供給一般投資者在股市上買賣。當然，證券商也能將手中過多的 ETF 跟發行公司換回成分股票。

承接本章開頭的比喻，ETF 是一盒綜合口味的餅乾禮盒，而證券商是一間販賣各種口味餅乾的商店，ETF 發行公司擁有自己獨門的禮盒組裝比例配方。以元大台灣 50（0050）為例，是由台灣市值前 50 大的公司所組成的 ETF，各股配置比例依市值大小而不同，如台積電占 46.99％、聯發科 4.57％、鴻海 4.39％、聯電 2.43％……等，所以 0050 是一盒組裝台股市值前 50 大公司的綜合餅乾禮盒。

大型證券商因為擁有大量各種口味的餅乾，可以湊成 500 組與 0050 對應比例、口味的餅乾，去跟 ETF 發行公司換取 500 盒的 0050 綜合餅乾禮盒。若證券商覺得禮盒買氣不佳，也能用 500 盒 0050 餅乾禮盒，再跟發行公司換回相對應數量的 50 種口味的餅乾，改回純賣餅乾。

由於彼此交易採「以物易物」的方式，所以證券商換回的 ETF 禮盒成本，就會等於淨值，不受市價高低影響。（補充：錢夠多的大戶也能用現金買進淨值價的 ETF，委託有簽約的證券商購買，一次交易須 500 張以上）

出現溢價時（市價＞淨值）

以 0050 為例，當它出現溢價時，假設淨值是 100 元，市價為 103 元，兩者之間有 3 元的價差空間，也就是賣 ETF 禮

盒會比單賣餅乾多賺 3 元。

此時大型證券商發現有利可圖，賣一張 0050 會比分開賣這 50 檔股票多賺 3 元，便會卯起來將手中持有的這 50 檔股票，去跟發行公司交換大量張數的 0050，來賣給股市裡的散戶，賺取 3 元的價差。

由於發行公司和大型證券商的交易一次限定至少 500 張以上，因此在該檔 ETF 溢價的隔天，眾多證券商一口氣拋出多組 0050 到股票市場，形成龐大賣壓，價格自然修正。若修正後的市價與淨值之間仍有價差可圖的話，證券商會持續換更多張 0050 拋進股市套利，直到價格趨近淨值為止。

所以當 ETF 大量溢價時先不要購買，因為過幾天證券商就會拋出大量張數套利，使價格急速修正至貼近淨值，而溢價時購買的散戶便容易套在山頂。

溢價過多的 ETF

一般 ETF 的**溢價在 1%內都算合理範圍**，若超過證券商也會透過大量拋售套利而使價格快速回歸淨值，但也有一些 ETF 出現過溢價 10%甚至 20%的情況。

有可能是該 ETF 掛牌上市前就備受期待，上市當天湧入大量買單而導致供不應求，即便已出現大幅溢價，投資人也要不惜代價硬買回去；另一種可能，是 ETF 的成分股在落後或股票買賣有限制的國家，券商取得成分股不易，自然無法快速換成 ETF 賣給散戶，因此溢價修正較慢。

折溢價過大的 ETF 不要碰

基本上規模大、流動性高的 ETF 不太會有折溢價過大的情形，我們購買前可以先查詢折溢價，若溢價超過 1% 就先緩緩，待價格修正後再進場，以免過幾天發現自己成了被證券商收割的韭菜。若長期折價超過 1%，可能是該檔 ETF 流通量不大、買氣太低，以致必須壓低價格來賣才能成交。

總之，**折溢價超過 1% 太多的 ETF 最好避免購買。**

抓大放小，挑選 ETF 首重「選股邏輯」

網路上有許多比較各檔 ETF 優劣的文章，大到選股邏輯、季配、年配，小至經理費、管理費、手續費、匯費都要一較長短。身為長期投資者，在 ETF 挑選上到底最重要的事是什麼呢？首先，來分享一則《韓非子》中「買櫝還珠」的寓言故事：

從前有位楚國人到鄭國賣珍珠，他把珍珠放進一個用頂級木蘭木製作的盒子，再用香木將盒子薰得香香的，並且以翡翠和玫瑰來裝飾盒子的表面。結果鄭國人買了他的盒子，卻將裡面的珍珠退還。

　　我們在挑選存股標的時也是一樣，須檢視自身是否犯了買櫝還珠的毛病，一檔股票或 ETF 何為珍珠？何為華麗木盒？是我們投資人首要弄清楚的事情。

選股邏輯是珍珠

　　挑選 ETF，小車認為「選股邏輯」是珍珠，其他如季配、年配、匯費、經理費、管理費是木盒，倘若珍珠相同，才有比較盒子的意義。

　　以元大台灣 50（0050）與富邦台 50（006208）為例，兩檔 ETF 指數皆為涵蓋臺灣證券市場市值前五十大的上市公司，**選股邏輯一模一樣**。再比較兩者的經理費與管理費， 006208 卻比 0050 少了 0.17% 費用，相同的指數以長期持有成本來看，我會毫不猶豫地選擇 006208（詳見 1-4 表格，P. 72）。

　　然而，若兩檔 ETF 的**選股邏輯不同**，就好像兩顆品質不同的珍珠，只比較兩者外在木盒並沒有意義。例如 0050 和**統**

一 FANG+（00757），一檔指數選的是台灣前五十大上市公司，一檔選的是美國十大科技尖牙股，一為台股一為美股，一個分散產業類型，一個側重於科技股，直接以管理費高低來判斷優劣，反而是本末倒置。

我們不妨以年化報酬率的角度，來比較兩檔 ETF 相同區間的表現。2018 年 12 月 6 日～ 2023 年 5 月 31 日，00757 定期定額的年化報酬率為 12.99％，0050 定期定額的年化報酬率為 6.17％，兩者差距如此懸殊，再去比較兩檔相差不到 1％的經理費、管理費（00757 總費用 1.03％；0050 為 0.355％）顯得意義不大。

當然，選股邏輯不同，代表各自所承受的風險也大不同，00757 集中於科技股，起伏與風險皆遠大於持股類型分散的0050，因此須挑選與自己理念相合的 ETF，或是兩者分配自己可以接受的比例持有。

年配季配是木盒

至於年配或季配息，小車比較喜歡**季配息**，一來可以**省健保補充保費**，二來先領到的**股利可以提前投入股市**，加快複利腳步。

不過，我的持股中有年配息的兆豐金（2886）、合庫金（5880）、華南金（2880）、亞泥（1102）、南亞（1303），也有季配息的台積電（2330）、00878、0056，還有半年配的006208，並非所有都是季配息標的。

原因在於我買進它們時，考量的從來不是年配或季配，個股要看的是**基本面、配息與股價穩定度**，或是**產業未來成長性**，而 ETF 側重的是**選股邏輯是否符合自己需求**。至於有季配息就當作是錦上添花賺到的，沒有也不會因此放棄持有，秉持抓大放小的原則，盒子的美觀與否不該是我們花太多心思留意的事。

以上為個人標的選擇的思維，分享給大家！

小車的 ETF 實驗室

這一小節來介紹一下小車目前持有的 ETF 以及實戰感想：

💰 核心持股領股利：0056、00878

元大高股息（0056）

上市滿 16 年的老字號高股息 ETF，行之有年，走過金融海嘯、歐債危機、美中貿易戰、新冠疫情等重大利空，是目前市場中實戰經驗最豐富的高股息 ETF，且這幾年殖利率都有 5 ～ 6%，相當不錯。

成分股原為 30 檔，自 2022 年 12 月 16 日起增為 50 檔，縮小了單一成分股的持有百分比，至於增加成分股之後的績效如何，仍有待時間觀察。另一項重大變革是 2023 年 5 月宣布由年配息改為季配息，並納入平準金機制，估計 2024 年 1 月

起，配息會盡量以四季均分的方式分配。

買進此類 ETF 著重於領取穩定的股利現金流，賺價差非主要目的，所以買進時須考慮價格殖利率。只是 2023 下半年價格在 AI 成分股帶動下屢創新高，最高甚至飆漲到 37.25 元，不宜追高。若價格能回到 30、31 元，我會願意買進。

國泰永續高股息（00878）

2020 年 7 月成立的 00878，同樣主打高股息，不過比 0056 多了 MSCI 台灣指數成分股，以及 ESG 評級分數兩道篩選門檻，內含 30 檔成分股，採季配息。與 0056 一樣，買進時須考慮價格殖利率，加上 2023 下半年價格也在 AI 成分股帶動下屢創新高，最高飆至 22.89 元，同樣不宜追高。若價格能回到 18、19 元，會繼續買進。

高股息 ETF 該存 0056 還是 00878 呢？

許多粉絲朋友常問小車：新手開始存高股息 ETF，應該挑哪一檔呢？如果現在有一筆錢規畫投入，該買 0056 還是 00878 呢？

倘若是從零開始、每個月只能擠出一、兩萬元來存股的小資族，不妨從中挑選一檔集中存。等投入資金有一定規模後，

在張數及股利上先取得成就感，再來存第二檔。如果手頭有一大筆資金（50萬元以上）要投入的話，則建議分兩個標的存較穩妥。

目前這兩檔小車都有存，0056比例多一些，00878則慢慢增加中。因為兩者雖都標榜高股息，但「選股邏輯」及「成份股產業比例」不盡相同，分散持有較能互補。

選股邏輯不同

0056簡單來說就是從臺灣市值前150大的公司中，挑選「預測未來一年」現金股利殖利率最高的50檔股票作為成分股。由於是預測，人為介入因素較重，考驗經理人選股眼光，所以選股方式也較00878大膽。

而00878則從MSCI台灣指數成分股中，選出ESG評級分數較高，且以「過去三年平均」年化殖利率前30檔的股票作為成分股。2023年更新增二項規則，一為只要有任何一年不配息的公司就直接刪除。二是將過去三年和當年分4個年度組別，各組殖利率墊底的10％也會剔除。如此一來更可以避免選到股利政策不穩定的景氣循環股。

以「過去三年平均」殖利率的方式來選股，人為介入之處

較少，相對較穩健。不過，儘管新增的規則能刪除獲利與股價大起大落的航運股（如：長榮、陽明），卻淘汰不了年年配息但股利起伏不定的景氣循環股（如：台泥、南亞、中鋼），至於過去三年配息優秀的股票才納入，會不會反而成為景氣循環股的落後指標，還要多觀察幾年才能下定論。

小車認為這兩檔高股息 ETF 的選股邏輯，一檔大膽衝刺，一檔穩健守成，同時持有能分散風險。

成分股產業分配比例不同

就這兩檔高股息 ETF 於 2023 年第三季的成份股而言：

標的 / 比較內容	元大高股息 （0056）	國泰永續高股息 （00878）	差距
配息：皆季配	1、4、7、10 月除息	2、5、8、11 月除息	
電子相關產業 占比	73.49% 勝	61.21%	12.28%
電子相關產業 標的數量	32 檔	15 檔	
金融產業占比	8.6%	22.52% 勝	13.92%
傳統產業占比 （水泥、塑膠、 鋼鐵、紡織）	11.48%	9.23%	
傳統產業 標的數量	8 檔	4 檔	

0056 電子相關產業比例較重，比 00878 多出 12.28％。不過在電子股檔數分散方面，由於 0056 在 2022 年底將成分股由 30 檔改為 50 檔，壓縮了每檔股票的持有比例，因此 0056 電子相關產業共分散至 32 家，比 00878 的 15 家多。

　　至於金融產業則是 00878 佔比多，比 0056 多出 13.92％。因此，若該年電子產業風光，則 0056 的價格會占上風；相對的，如果當年金融獲利優渥，則有利於 00878 的配息。

　　而傳統產業（如：水泥、塑膠、鋼鐵、紡織），兩者比例相差不大，不過 0056 分散在 8 檔，00878 僅分散在 4 檔，如遇景氣低檔雷股 00878 受傷會稍重。其他類型的成分股（如：0056 的營建股、百貨股，以及 00878 的電信股），因為兩者的占比都不高，影響不大。

　　因此，在選股邏輯與成分股比例上，0056 與 00878 有諸多不同之處，存股標的也不必糾結於非黑即白，**小朋友才做選擇，大人可以兩個都要喔！**

2022 年是投資人經歷心情三溫暖的一年，那年自開春金融股便一路狂飆，導致兆豐金（2886）股價超車 0056。

當時我在想：已知兆豐金 2021 年 EPS 為 1.89 元，抓 85％盈餘分配率，可推估 2022 年股利約為 1.6 元（1.89×85％ = 1.6），至於 0056 保守估計延續 2021 年配 1.8 元，同樣全配現金，0056 配得多股價又比較便宜，何不賣出兆豐金，既可換較多股的 0056，股利領得也會比較多？

10 張兆豐金股利：1.6×10,000 = 16,000 元
10.7 張 0056 股利：1.8×10,700 = 19,260 元

於是 2022 年 1 月我便嘗試賣出 10 張約 36 元的兆豐金，換回 10.7 張均價約 33 元的 0056。

換股後股價開始下跌

之後 0056 股價開始走跌，到了 2022 年 4 月繼續賣出 1.5 張漲到 33 元的玉山金（2884）、4 張 44.4 元兆豐金、10 張 30.7 元的合庫金（5880），換成 16.5 張均價約 32.84 元的 0056。經過這兩次賣金融換 0056 的操作，導致我的帳戶裡共有 27 張均價接近 33 元的 0056。面對下跌，我只好陸續以一

次 100 股為單位分批往下買，試圖拉低均價。

　　無奈張數太多，一次 100 股的零股加碼即便後來買到便宜的價格，能撼動的均價也十分有限。買零股加碼期間，曾最低買到 10 月 28 日的 23.49 元，後來價格開始反彈，我一直買到 2023 年 4 月的 28.35 元，將均價拉到 31.9 元，扣除當年股利 2.1 元已低於 30 元，心裡覺得這個均價已可接受，便停止加碼 0056。

　　之後股價一路爬升，直到 2023 年 6 月 12 日，我持有一年半的 0056 才正式由綠轉紅，走出套房。後來又碰上 AI 加持繼續飆升，至 7 月寫下 37.25 元的新高歷史。

一股不賣，奇蹟自來

　　2022 年大盤自年初的一萬八千點，一路跌到 10 月的一萬二千點，0056 也自 34.35 元跌至 23.28 元，將近一年的緩跌歷程，老實說並不好受。尤其是 2022 年 9 月跌破 28 元後直墜到 10 月的 23.28 元這段期間最令人難熬，畢竟 0056 這幾年已經很少看到跌破 28 元的時刻。

　　當時媒體、網路一致唱衰 0056 因為選股邏輯的瑕疵買進航運股，而導致價格一蹶不振，已經不適合再存下去……，更

開始細數 0056 的各種缺陷，將其批評得一文不值，誰存誰蠢的地步。再加上 2022 年 10 月股價跌至 23.28 元，面對市場種種雜訊干擾，連久經風浪的我，都開始擔心 0056 會不會一直低迷下去。

不過即使當時人見人踩，但我認為既然 0056 能挺過大小風浪，成功走了 14 個年頭，其選股邏輯算是禁得起考驗。於是抱持著套牢就多領幾年股利回本的心態撐下去，持續逢低買進、一股不賣，果然在 2023 年 6 月等到解套，甚至股價還在 7 月底創下 37.25 元新高的奇蹟。

這段持有 0056 的過程，雖然煎熬，卻也讓我學到**即便是換股，也不必急於一時將賣出獲得的錢一口氣買完**。現在開放盤中零股交易，且眾多券商有手續費 1 元起的優惠，透過零股分批慢買的方式，或許買回的時間拉長會多費些心力，但價格也相對分散，可避免重蹈自己當初 27 張套在 33 元的覆轍。

此外，往後若再遇市場不理性的修正，只要是好標的，持續緊抱與加碼，自能等到「一股不賣，奇蹟自來」的一天。

趨勢成長賺價差：006208、00757、00916

▶ 台股 ETF

富邦台 50（006208）

　　與 0050 相同，追蹤台灣 50 指數，也就是買進台股市值「前 50 大」的上市公司，一口氣持有台灣前 50 強的公司，風險相對非常小，哪天這 50 家公司倒了，台灣也差不多完了。由於這 50 家市值比例加起來超過台股的 70％，因而與大盤連動性高，不論漲跌都和大眾一起，並不孤單。再加上流動性高、規模大，零股跟整張買賣都很容易成交。

　　風險低是它的優點，但缺點是價格起伏大，心情容易隨之影響，加上全年殖利率僅 3％上下，**比起領股利更適合長期持有賺取資本利得（價差）**。若對 006208 有興趣的朋友，在持股配置上可放一些在價差部位。

　　小車的衛星持股（成長股）部位之前以台積電為主，不過隨著股數增加，目前已超過自己單壓個股所能承受的金額（100 萬）上限。因此，往後若遇到大盤修正，我會以加碼 006208 來取代買台積電，畢竟 006208 也包含約 48％的台積電，買大盤 ETF 既分散風險，也能繼續參與台積電未來的成長。

0050 和 006208 追蹤的指數相同，所以成分股及其佔比也一模一樣。兩者價錢之所以會不同，就是大盒與小盒餅乾的差別，買大盒的餅乾（0050）雖然貴些，但內容物份量較多，所以領到的股利也比較多，兩檔 ETF 與價格呈比例原則，並非買便宜的 006208 就會比較划算。

兩者比較明顯的差別在於經理費與保管費。由下表可知，0050 與 006208 的費用共相差了 0.17％。既然追蹤的指數相同，以長期持有的成本而言，我會毫不猶豫地選擇 006208。

0050 和 006208 的費用比較

標的	經理費	保管費	合計	
元大台灣 50（0050）	0.32%	0.035%	0.355%	相差 0.17%
富邦台 50（006208）	0.15%	0.035%	0.185%	勝

元大台灣 50 正 2（00631L）

此檔為槓桿 ETF，指數追蹤台灣 50 指數單日正向 2 倍報酬之績效，也就是漲幅、跌幅都是台灣 50（0050、006208）的 2 倍。原本小車對槓桿 ETF 的刻板印象就是做短線價差，低買高賣，且「槓桿」二字特別令保守的我反感。

不過，自從拜讀林政華（大仁）的《槓桿ETF投資法》後，發現原來00631L也有長期持有賺資本利得的可能，心想既然看好台股大盤未來的趨勢向上，也可以小額嘗試看看2倍漲幅的00631L。

於是我從2023年4月17日開始極小額的購入00631L，一次以20、30股為單位，畢竟槓桿二字看起來還是怕怕的。將近半年的股數累積下，發現它的起伏確實很大，短短3、4個月未實現損益從-6%到20%都有過。與大盤ETF 006208相較，特別適合股市大跌時加碼（因為跌2倍），上漲時績效也確實比大盤ETF好，但畢竟不是原型ETF，若買了會因此焦慮而睡不著覺的話，也不必勉強投入，存能讓自己安心的標的才是最重要的。

▶ 美股 ETF

小車持有的股票多為台股，因為台灣在地公司方便觀察，資訊取得也較快速。成長股以台積電（2330）為主，看好其企業文化、技術領先護城河的絕大優勢。然而近年來對岸軍演動作頻繁，每每軍事演習一來，便導致台股震盪，明明一間獲利穩健、表現優異的好公司，也難逃地緣政治因素的牽連，這一兩年來股價不是在盤整就是在下跌。

面對台積電價值被市場低估一事，內心除了替台積電感到委屈外，我們能做的也只有緊抱持股、逢低加碼並靜待時機了。但我不禁開始思考，在自由經濟的前提下，有沒有其他標的可以少些政治因素干擾，純粹根據產業趨勢來決定買賣呢？於是興起了分散部分股票比重至美股市場的想法。

一般購買美股有三種方式：向海外券商申請購買、複委託國內券商代購、購買在台灣上市的美股 ETF。此處以表格來比較三者的不同：

	海外券商	複委託國內券商	台灣上市的海外 ETF
申請開戶	自行與海外券商開戶	直接向國內券商申請（可線上申請開戶）	不必開戶，線上簽署同意書，台股市場直接買
手續費	0～0.1%	各家券商優惠落差大，須仔細比較。 [單筆電子下單] ●買進： 0.18%～1%，手續費最低門檻：0～35 美元（約台幣 0～1050 元）不等。 ●賣出： 0.18%～1%，手續費最低門檻：3～35 美元（約台幣 90～1050 元）不等。 [定期定額] ●買進： 0.18%～0.3%，無手續費最低門檻。 ●賣出： 同於單筆電子下單賣出。	●買進： 台股交易手續費 0.1425%，電子下單 2.8～6.5 折。 ●賣出： 台股交易手續費 0.1425%（電子下單 2.8～6.5 折）＋證交稅 0.1% ※ 買賣手續費皆無最低門檻。

	海外券商	複委託國內券商	台灣上市的海外 ETF
額外費用	匯費（約台幣 800～1200 元）、台美元匯差	選擇台幣交易有匯差	較貴的 ETF 管理費 0.45%～1.16%及台美元匯差長時間會反映在 ETF 落後的指數追蹤績效上
交易貨幣	美元	美元或台幣	台幣
保障	無	受台灣金管會監督	受台灣金管會監督
遺產繼承	**難、花錢** 遺產繼承須於臺、美雙方各委託一名律師走美國繁複的法律流程，支付高額的律師費。 ●課稅： 1、美國遺產稅，有 6 萬美元免稅額，超過依累計稅制支付 18～40%。 2、再併入國內遺產課稅。	**易** 由國內券商協助辦理，與其他台股一同辦理國內遺產繼承手續。 ●課稅： 併入國內遺產課稅。	**易** 與其他台股一同辦理國內遺產繼承手續即可。 ●課稅： 併入國內遺產課稅
臨時變現	**中** 須考慮台美元匯差與匯費（約台幣 800～1200 元的）	**中** 須考慮台美元匯差與賣出股票手續費（最低門檻約台幣 90～1050 元）	**易** 與台股交易同，賣出後 T+2 天錢即入帳

由上表可知，海外券商雖能省下手續費，且直接買美股ETF 管理費也較低廉，但考量匯費、匯差、臨時變現、遺產繼承皆較麻煩，故第一時間被小車剔除。

　　複委託國內券商買進美股，除了資產受到台灣金管會管轄與監督，加上買賣交易、遺產繼承都由國內券商代勞，確實方便又吸引人，但較高的手續費門檻和匯差讓我望之卻步。

　　至於購買台灣上市的海外 ETF，不僅能直接在台股市場交易，且買賣零股不受手續費低消限制，小額進出無負擔，加上資產亦受台灣金管會管轄、監督，遺產繼承比照台股，不必額外課美國遺產稅。平日交易以台幣計價，買賣直接以台幣思維看價格起伏來判斷買進與否，不必額外考慮匯差。

　　唯一較大的缺點，就是台股上市的海外 ETF 管理費普遍較美股ETF（如：VT、SPY、QQQ）高，加上台幣計價的匯差，長期會導致追蹤指數落後。但若整體報酬率依然出色的話，那麼追蹤指數的誤差，個人覺得尚能忍受。

　　十分在意績效的朋友可以考慮複委託與海外券商。三種投資方式各有優缺點，挑選自己能接受的方式即可。

統一 FANG+（00757）

　　此檔是在台灣發行的海外 ETF，成立於 2018 年 11 月 27 日，追蹤 NYSE FANG+ 指數，鎖定在美國上市、具高度成長性和市場關注度的科技股和非必需消費股。其成分股只有十家公司，簡單來說就是一檔網羅美國十大科技尖牙股的 ETF。沒有配息，獲利會直接加到 ETF 淨值上繼續累積，採平均權重的配置，每個成分股都佔 10％上下。

　　由於成分股都是世界級的科技龍頭股，雖遠在美國，卻都與我們生活息息相關，持有起來很熟悉。之前 ETF 裡有兩家中概股 Alibaba（阿里巴巴）、Baidu（百度）一直是我的心魔。自從尖牙指數修改規則後，所有成分股須為美國註冊並在美交易所上市之普通股，因此 2022 年 12 月 16 日刪除中概股，改以 AMD（超微）、Snowflake（雪花）取代，使我的持有壓力縮減不少。最近在 2023 年 9 月剔除 AMD（超微）納入網通晶片龍頭 Braodcom（博通）讓指數在 AI 與半導體領域佈局更加完整。

　　然而這檔 ETF 的缺點在於產業集中在科技股，不夠分散，且指數主觀選股意味太重，起伏過大，所以我開始想搭配另一檔產業分散些、成分股多一點、價格起伏較小的標的來平衡。

國泰全球品牌 50（00916）

在尋找漲跌幅度較為和緩的海外 ETF 時，曾考慮過元大 S&P500（00646）這檔 ETF，它追蹤美國標普 500 指數，該指數收錄美國 500 家大型上市公司，包含了美國市場的大多數產業，夠分散也有一些認識的知名品牌，但更多的是小車不認識的公司。加上 500 檔成分股實在太多了，除了 Apple（蘋果）、Microsoft（微軟）、Amazon（亞馬遜）、Nvidia（輝達）前四大成分股比重較多外，其餘四百多檔比重只佔 1.99~0.01%。雖然這檔 ETF 是美股指數投資相當著名的經典標的，但對於平日當慣了個股股東、喜歡留意公司營運新聞的小車來說，00646 存起來相對少了些樂趣。

直到國泰全球品牌 50（00916）於 2022 年 9 月 26 日掛牌上市，鎖定全球「科技龍頭、金融巨擘、精品消費」三大方向產業，一次能買進全球 50 檔龍頭品牌公司股票，且選股排除中國、香港、俄羅斯的公司，少了非自由經濟體系的干擾，命名上雖稱「全球」，但美股佔 87% 為絕對多數。

此檔 ETF 前五大成分股分別為 Microsoft（微軟）、Apple（蘋果）、Amazon（亞馬遜）、Alphabet（Google 母公司）、Meta（原 Facebook）、Tesla（特斯拉），以上合計佔比將近 50%，等於 00757 的成分股就佔了一半，保有未來趨勢上漲空

間；其它產業金融佔 14.68％、非核心消費佔 23.45％、核心消費佔 12.63％，整體成分股配置兼具科技、金融、民生。

此外，成分股大部分是我熟知的企業，如：美國的 Visa、Mastercard、American Express（美國運通）、Nestle（雀巢）、P&G、McDonalds（麥當勞）、Costco（好事多）、Starbucks（星巴克）、Coca-cola（可口可樂）、Netflix（網飛）、Walt Disney（迪士尼）、NIKE（耐吉）、Booking Holdings（知名旅遊集團），也有法國的 LVMH（LV）、LOreal（巴黎萊雅）、Hermes（愛馬仕），日本的 TOYOTA（豐田汽車）、SONY（索尼）、德國的 Mercedes-Benz（賓士）以及韓國的 Samsung Electron（三星）……等，這些公司雖遠在國外，卻是我們日常生活中離不開的知名龍頭品牌。

儘管有缺點，但值得嘗試

持有台積電讓我感受到龍頭股的絕對優勢，其獨步全球的晶圓研發技術、誠信且與客戶共好的企業文化，打造了全球市佔第一的晶圓代工廠，站上世界舞台。資本主義的市場向來是不公平的，一如馬太效應，大者恆大，龍頭股的好處在於能吃下該產業大部分利潤最佳的訂單，因此買進龍頭股也是相對安全的選擇。當然，台灣出一座護國神山已經很不容易，要想持有更多產業龍頭股，便只能走出台灣、放眼全球了。

小車於 2023 年 1 月美國持續暴力升息、美股仍處低迷時，開始小額分批買進 00916，累積至 2023 年 12 月，未實現獲利約 22.92％，雖漲幅比不上 00757，但起伏較 00757 和緩許多，持有心情相對能平靜些。

　　儘管 00916 存在著不少缺點，諸如：ETF 總管理費太高（0.78％）、產業龍頭股成長動能不足、配息很雞肋（年配 0.17元）、上市時間太短（1 年多）、ETF 規模不大（12 億）、交易流通量不大……等，不過我仍願意給這檔 ETF 機會，會在美股修正時，一邊小額累積張數，一邊繼續觀察下去。

標的 / 比較內容	統一 FANG+（00757）	國泰全球品牌 50 （00916）
配息	不配息	年配息
成分股	10 檔。 尖牙股（FAANG）：Meta（原Facebook）、Apple（蘋果）、Amazon（亞馬遜）、Netflix（網飛）、Alphabet（Google 母公司），以及另五檔 Tesla（特斯拉）、Nvidia（輝達）、Microsoft（微軟）、Braodcom（博通）、Snowflake（雪花）	50 檔。 科技產業 37.69%、金融業 14.68%、非核心消費佔 23.45%、核心消費佔 12.63%、通訊服務11.49%、其他 0.06%。

※ 參考來源：MoneyDJ 理財網，2023 年 9 月 30 日資料。

商品	交易別	損益	損益率%	股數	價格	投資成本	現價	帳面成本	股票市值	利息	帳面收入	日期
國泰全球品牌50	普買	+3,211	+26.83%	800	14.94	11,969	19.02	11,969	15,216	0	15,180	2023/01/30
國泰全球品牌50	普買	+467	+26.64%	117	14.97	1,753	19.02	1,753	2,225.34	0	2,220	2023/01/30
國泰全球品牌50	普買	+735	+26.84%	183	14.95	2,738	19.02	2,738	3,480.66	0	3,473	2023/01/30
國泰全球品牌50	普買	+4,103	+27.59%	1,000	14.85	14,871	19.02	14,871	19,020	0	18,974	2023/01/31
國泰全球品牌50	普買	+1,214	+27.10%	300	14.91	4,479	19.02	4,479	5,706	0	5,693	2023/02/01
國泰全球品牌50	普買	+1,447	+23.55%	400	15.34	6,144	19.02	6,144	7,608	0	7,591	2023/02/03
國泰全球品牌50	普買	+3,533	+22.88%	1,000	15.42	15,441	19.02	15,441	19,020	0	18,974	2023/02/09
國泰全球品牌50	普買	+730	+23.81%	200	15.31	3,066	19.02	3,066	3,804	0	3,796	2023/02/10
國泰全球品牌50	普買	+3,793	+24.99%	1,000	15.16	15,181	19.02	15,181	19,020	0	18,974	2023/02/22
國泰全球品牌50	普買	+3,843	+25.40%	1,000	15.11	15,131	19.02	15,131	19,020	0	18,974	2023/02/24
國泰全球品牌50	普買	+3,903	+25.90%	1,000	15.05	15,071	19.02	15,071	19,020	0	18,974	2023/03/01
國泰全球品牌50	普買	+4,023	+26.91%	1,000	14.93	14,951	19.02	14,951	19,020	0	18,974	2023/03/02
國泰全球品牌50	普買	+328	+1.76%	1,000	18.62	18,646	19.02	18,646	19,020	0	18,974	2023/07/28
國泰全球品牌50	普買	+919	+5.09%	1,000	18.03	18,055	19.02	18,055	19,020	0	18,974	2023/08/22
國泰全球品牌50	普買	+231	+6.48%	200	17.8	3,565	19.02	3,565	3,804	0	3,796	2023/10/04
國泰全球品牌50	普買	+193	+5.36%	200	17.99	3,603	19.02	3,603	3,804	0	3,796	2023/10/06
國泰全球品牌50	普買	+112	+6.27%	100	17.85	1,787	19.02	1,787	1,902	0	1,899	2023/10/23
國泰全球品牌50	普買	+133	+7.53%	100	17.64	1,766	19.02	1,766	1,902	0	1,899	2023/10/26
國泰全球品牌50	普買	+140	+7.96%	100	17.57	1,759	19.02	1,759	1,902	0	1,899	2023/10/27
國泰全球品牌50	普買	+142	+8.08%	100	17.55	1,757	19.02	1,757	1,902	0	1,899	2023/10/30

統一FANG+	57.25	3.20	5.29%
國泰全球品牌50	17.98	0.42	2.28%

↑ 00757 與 00916 平日較大跌幅之對比

2021 年 5 月，我開始嘗試存統一 FANG+（00757）。

買進初衷

　　小車自從 2020 年起買進台積電，看好其企業文化誠信可靠、晶圓製程技術獨步全球，其股價表現佳時最高一度衝到全球市值第七。後來思考與其單壓一檔優質股，為何不放眼全球，多壓幾檔全球市值跟台積電一樣甚至更優秀的科技尖牙股？像是蘋果、微軟、谷哥、亞馬遜……等市值也都在全球前十大，如此既能分散風險，也能享受持有更多檔優質股的樂趣，還可以將投資市場分散到美股，一舉數得。

　　美股可以透過「海外券商、複委託台灣券商、買台灣發行的美股 ETF」三種途徑投資，各有優缺點。不過小車比較懶惰，一向追求投資極簡化，買國內發行以台幣計價的海外 ETF，不僅股票進出方便，也不用煩惱匯率及海外股票繼承問題，直接看價格起伏來判斷買進與否即可。至於較高的管理費及統一投信有點落差的指數追蹤，就當作是花錢買個輕鬆吧！

理想與現實的落差

　　原本以為 00757 的成分股皆為世界知名的公司，舉凡手機、電腦、軟體、搜尋引擎、網購、追劇……等，不僅在美國，

連身在台灣的我們也是一日不可或缺，足見這些科技巨擘對全球的影響力，也讓我持有起來特別有底氣，於是我從 2021 年 5 月開始以零股買進。

我從 45 元買到 54 元，又一路往下買到 43.87 元（2022 年 1 月）。雖然每次進場都只買 100、200 股零股，不過累積久了也是一筆可觀的數字，逐漸出現買進越來越難撼動均價的情況，因而放緩了往下攤平的腳步。

加上 2022 年 3 月台積電股價開始從 600 元下修，手頭上能加碼的資金有限，兩相抉擇下只能先買進台積電，除非 00757 有較大跌幅時再少量加碼參與一下。

我的 00757 持有均價為 49.2 元，一路抱上至 2021 年 11 月的高點 54 元，再看著它一路緩跌至 2022 年 11 月的 31.99 元，帳面上未實現損失一度高達 -35％，約 30 萬元，當時真是抱到懷疑人生，持有世界頂尖科技公司的過程比想像中難熬。

而且這段下跌期間沒有配息支撐，股價也是天天進一步退兩步地無止盡下跌，未實現損失已經多到不敢止損的程度，唯一能支撐下去的憑藉只剩下「信念」，一種對科技龍頭股的信任。看著年年發表新機的蘋果，看著魷魚遊戲、元宇宙、低軌

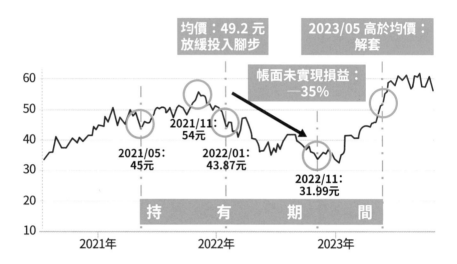

00757 解套時間線

均價：49.2 元
放緩投入腳步

2023/05 高於均價：
解套

帳面未實現損益：
—35%

2021/11：
54元

2021/05：
45元

2022/01：
43.87元

2022/11：
31.99元

持　　有　　期　　間

2021年　　　2022年　　　2023年

衛星、AI、電動車、ChatGPT……等話題輪番炒作，靠著未來趨勢離不開科技尖牙股的想法說服自己抱下去。

後來 00757 從 2022 年 12 月谷底約 32 元一直緩漲至 2023 年 5 月，才真正超過我的持有均價，負了許久的報酬率終於開始轉正，結束將近 2 年膽戰心驚的套房生活。

持有心得

根據自身存 00757 的經驗，歸納以下幾點供大家參考：

1、投入資金要分批平均投入，不可因為一時話題發燒而腦熱密集加碼，導致後來股價修正時無錢可買。
2、美股是自由市場，沒有國安基金護盤，也沒有單日漲跌幅限制，股價起伏較台股更甚。
3、沒有配息，只能靠信念度過為期不短的股價低迷期。

想存 00757，你的心臟準備好了嗎？

各項 ETF 如何評估是否買進？

前面分享了我持有的各檔 ETF，至於買進標的、時機、判斷方式，也跟我的持股分類一樣，先將要買的 ETF 分為「核心持股」與「衛星持股（成長股）」二類，再依不同性質使用不同方式判斷買進。

ETF 買進準則

核心持股
0056　00878　→　殖利率　高

衛星持股
006208　00757　00916　→　成長性　高

一、核心持股看殖利率

　　我們可以將 ETF 與其他同以領股息為主的核心持股個股，放在一起比較各檔的「殖利率」。對我而言，認真做過功課的個股跟高股息 ETF，都是可以考慮買進的對象，只要風險在承擔範圍之內，市價換算下來哪檔殖利率高就買誰，不設限是個股或 ETF。

二、衛星持股看成長性

　　賺價差為主的衛星持股，個人的持有比例不超過 40％。由於此類標的看重的是未來價差的成長性，所以須忍耐當下較差的殖利率，有些甚至不配息。小車所持有的 ETF 中，富邦台（006208）、統一 FANG+（00757）、國泰全球品牌 50（00916）都被我歸類為賺未來資本利得的 ETF。

至於單一產業的主題型 ETF 我不會考慮購買，因為 30 檔成分股集中在同一產業，其風險不輸單壓個股，有時候甚至更大。雖然 00757 也屬科技主題 ETF，但它還有一個篩選前提是「尖牙」，納入的皆為該產業的龍頭股，我存 00757 的心態反而比較像在存 10 檔個股。

　　以上為小車對 ETF 的淺見，選擇標的沒有絕對的對錯，完全取決於能承擔多少風險。所有想法僅供參考，投資仍須自行謹慎判斷，勿隨意跟單。

1-5　小車的 ETF 操作心得

本節想回答粉絲在 ETF 選擇上的疑問，分享我買進 ETF 的佈局方式，以及 2023 年 7 月高股息 ETF 漲高時，調節部分張數換股的操作分享。

Q 全部存高績效的大盤 ETF，不好嗎？

前一陣子有位新手粉絲來詢問小車：「既然元大台灣 50（0050）年化報酬比核心持股高，那為何不全部存 0050，而要分配一些比例存核心持股呢？」我的回答是：「理論上這樣最好，但實際上要做到很難。」

理想很豐腴，現實很骨感

許多 ETF 的擁戴者極力鼓吹 0050 或是指數化投資（如

Vanguard 全世界股票 ETF，簡稱 VT）。他們認為兼具風險分散與較佳報酬率，才是長期投資的王道，高股息 ETF、金融股績效很差，勸人投資這類股票真是害人不淺。

不可否認，0050 或 VT 的長期報酬必定吊打核心持股好幾條街。然而這派說法單純就長期持有的績效而論，卻忽略了「人性」。有時理想很豐腴，現實很骨感。就好像從小到大老師不斷耳提面命學生要用功讀書，才能考上理想的校系，我們也深諳此理，但最終能考上台大的人卻是萬中選一，因為現實真的很難做到。

亮眼的年化報酬並非每年穩穩上漲

0050 雖好，但所謂的年化報酬率 10％並非年年穩穩漲10％，而是股價經過長時間（10 年以上）起起落落，今年漲15％，明年跌 5％，後年漲 3％，而大後年一口氣漲 20％…….等，持有十幾年平均下來才有的年化報酬率 10％。換言之，必須「長期持有」才能賺得到這筆市場趨勢向上的完整報酬。

以 0050 為例，假設 2006 年創立時投入一筆本金，每年股息再投入：

2006 ～ 2011 年化報酬率 4%（抱 5 年）
2006 ～ 2016 年化報酬率 6.8%（抱 10 年）
2006 ～ 2021 年化報酬率 10.2%（抱 15 年）
2006 ～ 2022 年化報酬率 7.8%（抱 16 年）

其中，2006 ～ 2011 年化報酬率只有 4%，假設只堅持了
5 年就賣出，連填息的核心持股都不如；抱了 10 年，年化報
酬率 6.8% 只比核心持股多一點，但多這一點報酬其實比年年
配息 5% 落袋為安的核心持股承擔更多心理壓力；好不容易抱
到 2021 年，有了亮麗的年化報酬率 10.2%，不過後來 2022 年
股市修正，負成長率反而拉低整體年化報酬率，只能繼續等待
下一次的爬升。

新手進場先適應再追求績效

倘若一位連買股票都不知道要開證券戶的新手，好不容易
鼓起勇氣進場了，一開始便全部持有所謂績效較佳的 0050，
試想他能成功心無波瀾地持有 15 年以上的機率有多少呢？

一味倡導將資金投入 0050 或指數型 ETF，一口氣把投資
者的心理門檻拉得太高，如此只會讓更多人不敢跨出投資的第
一步。就好像在質問人讀書可以上第一志願，為什麼你不堅持
用功讀書就好，搞這麼多其他花招幹嘛？

我知道，但我做不到呀！

　　其實，在投資的路上，只要方向正確，找一些方法激勵自己，並且能在過程中少一些挫折，也許腳步會慢一些，最終資產上不了所謂的第一志願，但至少較容易讓自己在對的路上持續前行，順利走到還不錯的第四、五志願。而買進核心持股就是這個方法。

　　核心持股雖然整體含息的年化報酬率比不上0050，但相對抗跌性也較佳，每年穩定的股利政策，讓投資人即便在熊市也能領到股利，取得正向激勵。0050活潑的股價在牛市自然大展身手，但股市瞬息萬變，一旦步入熊市，只能任憑所有資產套牢在股市，領著不到3％的股利，看著帳面上龐大的未實現損失，等待下一個不知何時能來的柳暗花明。

　　因此，投資先求有再求好，先存核心求穩，等到心境、財商都進階了再逐步轉到0050或指數型ETF。不過，就算轉不過去也沒關係，每年保底的5％報酬率，已經大勝1％定存。投資不必執著於資金效用最大化，只求挑選自己最有動力的方案長期執行即可。

Q ETF 也適用「金融股 5-4-3 規律」嗎？

　　有粉絲朋友好奇如果是存 ETF 該怎麼買呢？也是像金融股一樣，採用「5-4-3 規律」買嗎？小車的做法是全年「**分批進場，逢低加碼**」。

大盤 ETF

　　像元大台灣 50（0050）、富邦台 50（006208）這類市值型 ETF，由於台積電（2330）的比例將近一半，所以因此與台積電的漲跌連動性高、股價起伏大，適合**定期定額**，避免 all in（一次全部投入）導致價格套在高點。如遇大跌可以**逢低加碼**，拉低均價效果佳，但就是考驗投資人的心理素質。

高股息 ETF

　　雖然我將高股息 ETF 歸類為核心持股，不過 ETF 價格會受成分股影響，且裡面各類產業都有，不似金融股有其特殊的股價規律，因此不需要按照「5-4-3 規律」來買。

　　國泰永續高股息（00878）採季配息，一次配息金額才 0.3 元左右，因此除息完基本上價格落差不大，不用刻意等除息後買，較適合**全年定期定額或分批購買**。如遇成分股大跌而導致價格修正，可以再**逢低加碼**。

元大高股息（0056）還是年配息時，雖有「除息後是相對低點，爬升到隔年 3、4 月為高點」的慣性，不過其價格受成分股影響大，當大盤推升時即使除息完價格可能還是偏貴。比方說，2021 年 11 月除息價為 30.6 元，但從 2022 年 6 月到 2023 年 5 月將近一年的時間都低於 30 元，所以除息後買也不一定撿得到便宜。加上自 2023 年 7 月起改為季配息，除息後價格落差也變小，故與 00878 相同，不用刻意等除息後買，**全年定期定額或分批購買，逢低再加碼**。

另外，0056 的優勢在於上市時間悠久，有多年的配息紀錄可觀察，所以也可用「價格殖利率」來作為買進依據，保守抓每年配 1.5 元、5％殖利率。換句話說，**30 元以下是相對合理的買點**，如遇低點再加碼；反之，若價格在 30 元以上，我會優先考慮買金融股，若金融股也變貴，再根據殖利率高低來決定買進標的。

以上是小車各類 ETF 的買法，分享給大家！

我的高股息 ETF 調節

2023 年 7 月中旬，AI 類股搭上資金浪潮，諸如：緯創、廣達、光寶科、英業達、仁寶……等這些高股息 ETF 最愛的成分股，隨著它們股價的狂飆帶動了高股息 ETF 的價格不斷往上攀頂。2023 年 7 月 31 日元大高股息（0056）最高點來到 37.25 元，打破 2021 年納入長榮時創下的 36.17 元；而國泰永續高股息（00878）也是自從突破 20 元之後，每天不斷改寫歷史新高，直到 7 月 31 日爬到最高 22.89 元後才開始修正。

有許多粉絲朋友看見我在 2023 年 7 月 14 日～ 7 月 31 日之間，趁著高點時，調節了幾張 0056 與 00878，轉至大盤 ETF 富邦台 50（006208），下面想來跟大家分享這次換股的想法。

核心持股超漲，價格修正是必然的

小車的資產配置是「60％核心持股領股利，40％成長股賺資本利得」。如臨時需要用上大筆資金，調節成長股是我的首選；核心持股是現金流的來源，能不動就盡量不動，動多了能領的股利就會縮水。然而，最近高股息 ETF 受到 AI 相關成分股飆漲的影響，漲幅屢創新高且績效狠甩大盤，這種漲幅對核心持股來說不太正常，已經超漲了。在這裡，我們要務必記得，

以領股利為主的核心持股（金融股、高股息 ETF），其股價是有天花板的，不像成長股一旦有技術上的突破，股價便一路向北，很難再震盪回起漲點。

市場買單核心持股的原因就是「高股息」，**金融股在每年獲利都難有重大突破的情況下，價格炒作得再高，也終將隨著殖利率變低而修正。**如一度漲到 45.4 元的兆豐金（2886）、35.7 元的玉山金（2884）、31.5 元的合庫金（5880）。至於高股息 ETF，也受制於選股邏輯而有價格天花板，因為入選高股息成分股的前提是「殖利率要高」，所以不會主動選進飆股與成長股。這次 AI 相關成分股因熱錢湧入而變成飆股，但潮水退卻時，市場資金輪轉至其他類股，價格便會向下修正。例如 2021 年納入長榮（2603）的 0056，一度隨著熱錢價格推升至 36.17 元的歷史新高，後來亦因熱錢退場，而跌到人人喊打的 23.28 元。

就算熱錢久久不退，成分股持續維持高價，ETF 一年兩次的成分調整機制，遲早會將漲高後殖利率變低的股票踢出，讓價格一如絢爛煙火綻放後重新回歸平凡。

如何調節

面對漲高的核心持股，既然價格修正是遲早的事，完全不

賣抱上抱下難免心酸，賣多了股利現金流又會縮水，到底該怎麼辦呢？小車的做法如下：

1、先找好換股標的

　　若無資金需求，小車不太喜歡賣股換現金等買點，賣股前如未能事先幫資金想好出路，將很難預測價格修正何時會來？修正多少？閒置的現金要放在身邊多久？因此須事先認真尋找有無合適換股標的，最好的方法是「核心換核心」，既能將低殖利率股票調節至高殖利率標的，股利現金流也不會減少。如2022年初金融飆漲我調節部分兆豐金、玉山金、合庫金換至0056。不過面對2023年除息後金融、高股息皆高價的情況，小車選擇轉入漲幅較落後的大盤型 ETF 006208，雖會損失一些股息，但也相對保值且股價有較多的成長空間。

2、僅調節獲利金額換股

　　一般漲幅要超過 20％我才會開始考慮調節，但並非完全出清核心持股，賣光非但少了股利現金流，苦心經營的低成本庫存也隨之歸零。所以小車設定調節上限為各檔張數的20％，例如持有 10 張，則賣出上限為 2 張，分批慢賣，有超漲才考慮賣出換股，沒賣滿 20％也沒關係，不必勉強。

　　如此既在高點做了調節，也保留了大部分的核心資產，存股適度有些小確幸，能讓自己的心情愉快一些。

商品	成交日期	交易別	成交價格	成交股數
富邦台50	2023/07/14	普買	76.05	350
元大高股息	2023/07/14	普賣	35.49	1,000
元大高股息	2023/07/14	普買	35.53	1,000
元大高股息	2023/07/14	普賣	35.59	1,000
富邦台50	2023/07/17	普買	76.5	100
富邦台50	2023/07/17	普買	76.5	100
富邦台50	2023/07/17	普買	76.5	300
富邦台50	2023/07/17	普買	76.45	500
國泰永續高股息	2023/07/18	普賣	21.73	1,000
富邦台50	2023/07/18	普買	75.6	100

商品	成交日期	交易別	成交價格	成交股數
元大高股息	2023/07/18	普賣	35.67	1,000
國泰永續高股息	2023/07/18	普賣	21.8	1,000
富邦台50	2023/07/18	普買	75.55	1,000
富邦台50	2023/07/18	普買	75.25	100
富邦台50	2023/07/19	普買	74.75	50
富邦台50	2023/07/21	普買	73.2	100
富邦台50	2023/07/21	普買	73.5	50
國泰永續高股息	2023/07/21	普賣	21.67	1,000
富邦台50	2023/07/21	普買	73.75	100
富邦台50	2023/07/26	普買	74.55	100

商品	成交日期	交易別	成交價格	成交股數
元大高股息	2023/07/28	普賣	36.58	1,000
富邦台50	2023/07/28	普買	74.8	100
國泰全球品牌50	2023/07/28	普買	18.62	1,000
富邦台50	2023/07/31	普買	74.35	100
富邦台50	2023/07/31	普買	74.35	100
富邦台50	2023/07/31	普買	74.25	100

02

CHAPTER

打造眞正適合你的投資組合

本章重點

學好股票資產配置，並透過存股系統流程圖，釐清眞正適合自己的投資組合，不論遇到股市高漲或低落，都能處變不驚地妥善調整資金投入。

2-1 我的股票資產配置

　　這一節想要來談談小車的股票資產配置。如同上一本書提到，除了緊抱既有的南亞（1303）、亞泥（1102）兩檔景氣循環股外，也善用「核心＋衛星」的資產配置，60％核心持股領股利，用來堅定投資信心與底氣；40％衛星持股（成長股）衝刺資產成長。這兩年也新增了一些 ETF 至我的股票配置中，如下圖：

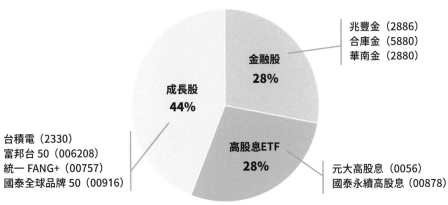

小車的持股配置

成長股 44%

金融股 28%
兆豐金（2886）
合庫金（5880）
華南金（2880）

高股息ETF 28%
元大高股息（0056）
國泰永續高股息（00878）

台積電（2330）
富邦台 50（006208）
統一 FANG+（00757）
國泰全球品牌 50（00916）

核心持股，約 60%：
金融股、高股息 ETF

選擇核心持股的重點在於可提供「穩定」的股利，累積張數越多，現金流的威力越大。這類股票雖具股價平穩的優點，卻也伴隨著股本較大、獲利成長率較低的缺點。

小車持續每年買進殖利率至少 5％ 的股票，目的是打造出源源不絕足以支付房貸的現金流。當每年股利已能支付全年房貸時，資金就會改投入衛星持股加快資產累積速度。

我的「核心持股」原以金融股為主，不過 2022 年 8 月除息後由於金融股價持續未回歸至合理範圍，所以預計投入的資金改成買 0056、00878。另外我在 2023 年 4 月出清了玉山金（詳見 3-1），並將資金也轉往這兩檔高股息 ETF。因此我現在的核心持股，除了原有的兆豐金（2886）、合庫金（5880）、華南金（2880），還加入了元大高股息（0056）、國泰永續高股息（00878）。

金融股合計佔 28％，高股息 ETF 共佔 28％，核心持股佔整體 56％。

金融股：選擇以銀行獲利為主的金控

　　我持有的金融股為官三金──兆豐金、合庫金、華南金，挑選金融股除了留意官股、民營、EPS 消長以外，金控的主要獲利來源也是小車會參考的重要依據。

　　想存金融股，首先我們須學會區別金控股與銀行股：

1、**銀行股**：是只有銀行一個獲利單位。
2、**金控股**：除了銀行之外，旗下還成立保險公司、證券業、期貨業……等其他金融類的子公司。所以有可能會發生旗下銀行獲利不錯，但證券賠錢，兩相抵消，使得整體金控 EPS 打折，如 2020 年的華南金；亦有可能銀行本身獲利不亮眼，但壽險獲利優秀，帶動金控 EPS 提升，如 2021 年的開發金（2883）。

　　金融股不僅看 EPS 高低，其主要獲利來源也會影響這間公司的盈餘分配率和股價起伏。其獲利大致可分為以下三類：

獲利來源	說明	舉例
銀行	●以旗下銀行爲主要獲利來源。 　　主要賺取借貸利息、信用卡及各項銀行服務的手續費，獲利來源相對穩定。 　　全年 EPS 雖沒什麼突飛猛進的機會，但受景氣、外在環境影響的幅度也不大。也因爲獲利的模式較單純，在股利配發上通常有較高的盈餘分配率。	◆兆豐金（2886） ◆合庫金（5880） ◆華南金（2880） ◆第一金（2892） ◆玉山金（2884） ◆永豐金（2890） ◆台新金（2887）
壽險	●以旗下壽險公司爲主要獲利來源。 　　因爲以保險業務爲主，保單數量易受大環境影響而起伏不定。 　　若有轉投資國外金融商品以賺取保費利差，會深受升息、債券殖利率高低影響，獲利波動大，這類型金控比較像景氣循環股，每年 EPS 落差較大。此外，壽險當年獲利是保費，須保留一定比例資金供後續理賠，所以盈餘分配率通常不高。	◆國泰金（2882） 　旗下國泰人壽 ◆富邦金（2881） 　旗下富邦人壽 ◆中信金（2891） 　旗下台灣人壽，銀行與壽險獲利約各半 ◆開發金（2883） 　旗下中國人壽 ◆新光金（2888） 　旗下新光人壽
證券交易	●以旗下證券公司爲主獲利的金控。 　　主要賺取證券交易的手續費，其獲利深受股市交易熱絡與否影響，每年 EPS 較不穩定。	◆元大金（2885） 　旗下元大證券 ◆開發金（2883） 　旗下凱基證券

再回顧小車核心持股的 5 大選股原則：

Rule 1 ▶ 穩定配息超過 10 年以上。
Rule 2 ▶ 每年配息落差不要太大。
Rule 3 ▶ 股價波動小，可安心持有。
Rule 4 ▶ 盈餘分配率 70% 以上，公司夠大方。
Rule 5 ▶ 股息殖利率 5% 以上，累積資本更容易。

可以發現小車挑出的核心持股為「兆豐金、合庫金、華南金」，除了以穩定的官股為主外，都是刻意挑選以「銀行」為主獲利的金控。雖然這個選擇無法享受股利爆發的樂趣，但至少能確保每年穩定的股利現金流，並將景氣循環影響因素降到最低。至於股價，也因為 EPS 的平穩而起伏較小，長期持有能保持心境平和，符合原則 1 ～ 4 的挑選條件。

其實另一家官股金控第一金（2892）也是以銀行為獲利主體，雖然盈餘分配率沒有另外三家官股大方，不過近兩年來走過疫情、股債雙殺，EPS 表現相當穩定，符合前四項條件，同樣是存股好標的，我在 2023 年 8 月除息後開始買進。

後　記

　　華南金由於2022年OCI（其他綜合損益）為負值，類似有「未實現損失」的意思。雖不會賣出形成真的損失，但基於安全起見須保留可能會損失的資金，不能配發，加上華南金也不願發資本公積（老本），只願根據當年實際獲利金額來發放股利。這點導致其2023年4月公布股利的政策僅配現金股利0.59元、不配股，盈餘分配率46.5%，偏離以往水準過多。

　　另外，華南金高層已於2023年Q1法說會上表明，未來以配「全現金股利」為主，持有股東須特別留意2024年4月公布的股利政策，在OCI回復正值的情況下，其盈餘分配率為多少，可大抵定調為往後的配息方向，屆時小車會再次評估持有與否。

高股息 ETF

　　高股息 ETF 共佔28％，為0056、00878兩檔（詳見1-4）。

衛星持股（成長股），約 40%：台積電、006208、00757、00916

衛星繞著地球轉，體積較小，好比可以用來做價差的「衛星持股」。在累積主體核心持股張數的同時，也可搭配「衛星持股」取得產業未來成長的資本利得（賺價差），提升整體資產累積的速度。

「衛星持股」要選擇成長股，這類股票優點是預期未來獲利爆發，股價有較大的成長空間；缺點是價格起伏較核心持股大，適合以零股方式分配進場，才能避免資金一口氣套在高點。

加上這些公司往往正值設備、規模大量擴張之際，會保留較多的盈餘來拓展事業版圖，所以盈餘分配率都不高，有的甚至不配息，持有者須長期忍受低殖利率，以換取公司產能成熟後的市值成長價差。因此十分考驗投資者的眼光，要勤做功課，或對相關產業有深入了解，才能篩選出股價有上升潛能的個股或產業。

原本我的「衛星持股」只有台積電（2330），隨著 2022年大盤修正持續以零股方式加碼，投入資金已超過自己單壓個股的上限金額 100 萬。這個設限標準並非絕對，純粹是個人能

承受的個股風險上限，所以數字因每人心理情況而異。往後除非台積電之後價格跌破持有均價，我才會加碼，否則持股數將以維持現狀為主。

近兩年來對岸頻繁的軍事演習，讓我感受到台灣地緣政治因素對台股的干擾不小，也思考到單壓個股與台股的風險性，資金佈局開始由個股改投入 ETF，由台股分散一些到美股。

因此，成長股除了台積電，也存了統一 FANG+（00757）、國泰全球品牌 50（00916）這兩檔由台灣發行的美股 ETF。此外，大盤 ETF 006208 內含約 47％的台積電，成分股又是台灣市值前五十大公司，買進既能繼續加碼台積電，又能分散單壓個股的風險，雖然成長速度不及台積電，但也不失為一個安全的成長標的。

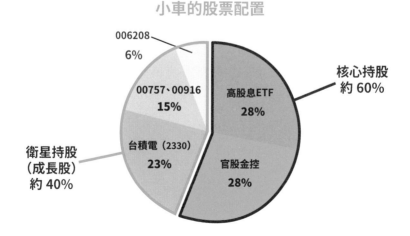

小車的股票配置

006208
6%

00757、00916
15%

核心持股
約 60%

高股息ETF
28%

衛星持股
（成長股）
約 40%

台積電（2330）
23%

官股金控
28%

做成長股價差還要等這麼久？

　　有一次與同事去吃飯，談及當日股市恰好是統一 FANG+（00757）近期的低點，我與同事分享：「若不介意股價震盪，可以小額買進一些成長個股或趨勢向上的 ETF，等到產能成熟、獲利爆發時，能賺得一些價差，如：台積電（高階晶圓製程）、0050、006208（約有一半比重台積電）、00757（元宇宙、電動車、AI），未來股價都頗值得期待的。」

　　同事說：「好像不錯喔！那大概要放多久呀？」
　　我說：「短則 3 年，長則 5 年，產業若還有發展潛能，甚至能放更久。」
　　同事說：「是喔！賺個價差還要放這麼久喔？」

　　同事的疑惑讓我不禁想來釐清一下，賺「成長趨勢」的長期價差與「一般炒作」的短期價差是不同的。

賭大小與穩定求價差不同

　　「一般炒作」圖的是熱錢湧入、炒高股價，投資人藉此

賺價差。這種充滿即時性、無法預測、如潮水般瞬息萬變，錢來了就飆漲、錢走了就暴跌的價差，比較像在賭大小，連續勝率不高。賺了這次不知道下一次價差在哪裡，也有可能這次賺到，下次就賠掉了。

我的投資觀念是「先求不賠，再來講究報酬率」，一直用心思考與尋覓該把自己的辛苦錢放在哪裡？一個既能打敗通膨、蝕本機率低，又能安心持有，甚至還可以滾出更多錢的地方。

因此，我的持股除了 60％核心持股領股息之外，也挪出40％投入成長股，期望能在穩定中賺取價差，進一步提升自己投資報酬率。而投資成長股或趨勢向上的 ETF，就是我認為「相對穩定」的賺價差方式。也許成長股價格在短期內，會因為各方資金角力而盤旋震盪，但多年後趨勢向上的大方向是不會變的，以長期投資的角度來看，是個值得讓人投入資金的地方。

長期持有賺資本利得更需要耐心

存成長股其實更加考驗自己的耐心與定性，以台積電近 5年的價格走勢圖為例，若買在 A 賣在 B，價格不賺不賠，不僅讓自己抱了一年半的堅持赴之東流，更錯過了 C、D 的高價。

若在 C 點獲利了結，將現金拿去換「資產」（如：買房或換股）是可行的，但如果只為了賺價差而獲利了結換成現金，當下也沒有投入其他更好的標的，便會導致資金閒置，不僅讓自己賺到的錢原地踏步，更錯過了後面的 D 點，十分可惜。

　　關於存成長股賺取資本利得（價差），小車心中有三個理想的賣出點：

1、**換資產**，如付買房頭期款。
2、該公司產業已完全發展成熟，**成長動能、獲利趨緩**。
3、**屆齡退休，有現金流需求**，可趁成長股高點賣出轉換成高股息標的。

台積電 5 年價格走勢圖

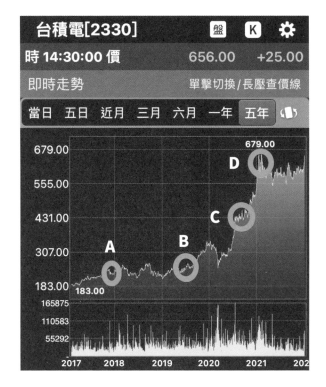

友情提醒

僅陳述個人持股情況，無鼓吹買任何標的之意，請自行判斷，勿隨意跟單，投資盈虧自負。

核心持股及衛星持股的比例如何調配？

常有新手朋友問小車：若月存 2 萬元，該買合庫金？還是 0050 零股呢？

買進之前，我們應先釐清自己存股的目標是什麼？是每年取得穩定現金流？抑或想加快股票資產的累積速度？核心持股及衛星持股不同的比例搭配，會走向不同的結果，但兩者分配並沒有一定的標準，端看每個人心理承受的壓力大小、年齡、生涯規畫 ...... 等來「滾動式試探與調整」。

關於兩者的比例配置，我認為可從以下幾點考量：

心理對股價的承受度

每個人對股價起伏的耐受度不同，所以適合的配置也不同。保守型投資人核心與衛星比例可抓 80％、20％；均衡型投資人稍微能承擔多些風險，可各抓 50％；財商觀念充足、能承擔大跌時帳面上未實現資產腰斬，甚至只剩 1/3 的朋友，核心與衛星比例可抓 20％、80％，採積極型投資策略。

設法增強信心和動力

　　無論是存核心持股還是衛星持股，都需要長期持有才能產生顯著效果，然而持有的過程是一條漫長又無聊的道路，如何讓自己支撐下去便是存股的關鍵。

　　初入股市的朋友，可先從股價平穩、有股利增強信心的核心持股入門。至少在無趣的存股歲月裡，每年可以有一次領股利的期待，或是存季配息標的，每季都能透過領股利來增強存股信心與動力。等存個二、三年，面對股市震盪能做到不衝動賣股時，再來逐步增加衛星持股比例。

　　至於看慣股市起伏而能波瀾不驚的老手，或是對領股利的依賴較少、喜歡以資產市值攀升來作為信心增強的朋友，可持有較多比例的衛星持股，來衝刺資產成長速度。不過仍須注意即便是趨勢向上的成長股，股價也不可能只漲不跌，跌宕起伏是常態。我們只能以宏觀的角度來看長期漲多跌少的趨勢，存衛星持股若是以顯微鏡看每日震盪，便很難得到自己想到的結果。

年紀有無現金流需求

　　至於年齡與生涯規畫方面，若年輕還有薪資收入，不需要倚靠現金流生活的朋友，主進攻的衛星持股比例可多些，保

守的核心持股少些。之後隨著年紀增長逐步加大核心持股的比例，直至屆齡退休、有直接現金流需求時，再調高核心持股的比例。

　　若讀者不太瞭解自己適合什麼樣的配置方式，可先從核心持股開始入手。如同泡溫泉，要先從腳開始慢慢將身體泡進浴池，我們可逐步試探自己對投資組合的內心承受度，「滾動式調整」出最適合自己的股票配置比例。這一題每人的正確答案皆不相同，主要得問問自己的心，比例多少不重要，能讓自己抱得開心、安心，在投資市場裡待得長久，便是最棒的股票配置。

　　存股實驗，持續進行中……

算出自己的股票資產組合

　　若好奇自己屬意的配置組合長期累積的成效，不妨用網路上的現成工具來試算看看。雖然都是回測值，但算出來的數值差異，已足以作為自己配置成長股（攻擊型）與核心持股（防守型）的參考。

　　下面介紹一個免費試算的網頁——元大投信「ETF-AI 智慧投資平台」。這裡可以試算兩檔以上 ETF，設定不同資金分配比例，可以算出多年後總市值累積的結果。缺點是只能套用元大發行的 ETF，不過單就市值型（成長股、攻擊型）與股利型（核心股、防守型）的 ETF 比例試算已足夠。

元大投信的「ETF-AI 智慧投資平台」
https://www.yuanta-etfadvisor.com/calculator/

　　接著我以市值型 ETF 0050（攻擊型）與高股息 ETF 0056（防守型）為例，試算兩者定期定額 15 年（2008/09/01 ～ 2023/09/01）配置不同比例的市值累積結果：

【情況一】定期定額月投 1 萬元（2008/09/01 ～ 2023/09/01）共 15 年

0050 攻擊型配置比例	0056 防守型配置比例	年化報酬率	15 年總報酬率	期末市值（元）	0050 每多 10% 與最保守組合的市值差距					
20%	80%	6%	134.83%	4250464	0	約 6.5 萬	約 9.8 萬	約 13 萬	約 16.3 萬	約 19.6 萬
30%	70%	6.05%	136.64%	4283272	約 3.2 萬					
40%	60%	6.11%	138.46%	4316081	32809					
50%	50%	6.16%	140.27%	4348890	32809					
60%	40%	6.22%	142.08%	4381698	32808					
70%	30%	6.27%	143.9%	4414507	32809					
80%	20%	6.33%	145.71%	4447316	32809					

【情況二】月投 3 萬元（2008/09/01 ～ 2023/09/01）共 15 年

0050 攻擊型配置比例	0056 防守型配置比例	年化報酬率	15 年總報酬率	期末市值（元）	0050 每多 10% 與最保守組合的市值差距					
20%	80%	5.98%	134.32%	12676860	0	約 19.5 萬	約 29.2 萬	約 39 萬	約 48.7 萬	約 58.5 萬
30%	70%	6.04%	136.12%	12774300	約 9.7 萬					
40%	60%	6.09%	137.92%	12871740	97440					
50%	50%	6.15%	139.73%	12969180	97440					
60%	40%	6.2%	141.53%	13066620	97440					
70%	30%	6.26%	143.33%	13164060	97440					
80%	20%	6.31%	145.13%	13261500	97440					

由以上兩表格試算可知：

若月投金額不高（1萬），即便採用攻擊型標的比例最高的組合「攻擊80％、防守20％」，持續買進15年後的股票總市值，也只比最保守的組合「攻擊20％、防守80％」多約19.6萬而已，承擔了15年的心理壓力，可惜成果十分有限。反之，假設月投金額提升至3萬，使用攻擊型標的比例最高的組合，持續買進15年後的股票總市值，將比最保守的組合多出約58.5萬，這個金額差距便大到一般人難以忽視了。

因此，當存股的**本金不大時，不須整日費心研究自己的投資組合報酬率是否最好**。首要任務反而是先提升自己、專注本業、找份薪水待遇高一些的工作，或是努力兼差、拓展斜槓事業以增加收入，才能加大本金投入存股，加速資產累積。

倘若你每月能投入金額已超過2萬（總市值極端差距約月投1萬的2倍39.2萬），甚至是月投3萬，15年後的總市值金額差距會變得有感，這時就要好好開始思考自己攻擊型與防守型股票資產的配置。

不過，提高攻擊型的比重，長期下來固然能獲得較佳的資產市值增長，但股市震盪時資產帳面上的未實現損失也較大，投入資金越多、未實現損失的金額也越大，所以股票資產配置除了考量報酬率外，也要將心理因素納入，兩者綜合考量後搭配出適合自己的比例。

2-2 存股系統流程圖：釐清真正適合你的投資組合

　　這一節想來介紹小車與小車先生設計的一套「存股系統流程圖」。

　　設計這套系統圖的初衷，是考量到每個人的資產配置並非一成不變，會隨著股市震盪、際遇、心境、財商、年齡不同而持續「滾動式調整」。而此種不斷微調的心路歷程，難以用純文字來完整表達，即便寫得再鉅細靡遺，大家讀起來也可能會一頭霧水。

　　尤其是一開始觀念不清的初學者，會常發生「咦，這時候

為什麼要考慮殖利率？」、「剛剛說要看殖利率，怎麼現在殖利率又不重要，而改看成長性？」、「存股不就只進不出持續累積張數就好，怎麼又要資產配置？」……等等諸多疑問。

其實我們在構思這個流程圖時是很興奮的，因為只要大家願意循著流程圖自問，便能審視自己內心的真實感受，許多答案也會在反覆詢問的過程中越辨越明。大家可以趁機釐清自己的持股配置是否有盲點，及時發現並盡速修正，讓股票配置與自己的真實心態越來越契合，能更安心地長期持有。

接下來就一起來看看怎麼使用吧！

存股系統流程示意圖

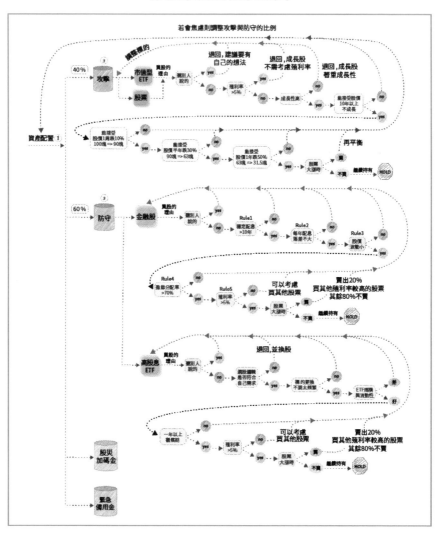

💰 使用說明 & 示範

▶ 第一層級：資產配置

我們將它放在第一層級，是整個系統的主題，包含「**攻擊型股票（成長股）、防守型股票（核心持股）、股災加碼金、生活備用金**」四項配置：

· 生活備用金

要準備約半年至一年的生活費，以現金形式定存在金融機構。平日不可隨意動用，只能用來應付生活緊急情況。不管投資與否，每個家庭都該存有這一筆錢。

· 股災加碼金

是在規畫投資的資金中，提撥一筆金額留作股災加碼之用。可以是來自存款，或是賣出一部分超漲股票來作為股災加碼金。建議加碼金留 20 ～ 30 萬，至多不超過 50 萬，過多的加碼金也會產生大筆資金閒置太久的缺點。

· 攻擊型股票（成長股）

即看好產業或未來趨勢向上的成長標的，殖利率不重要，重點在買進並長期持有，以取得多年後產業爆發價格攀升

的資本利得（賺價差）。

・ **防守型股票（核心持股、股利型）**

以創造股利現金流為主的股票，由於價格平穩、產業缺乏
成長性，因此注重買進的價格殖利率，基本設定在 5％以
上，以免拖累整體資產的累積速度。

這份系統圖的重點在於股票資產配置，故將「生活備用
金」及「股災加碼金」列入表中，但不標示百分比，**僅討論「股
票配置」這一部分的比例。**

▶ 第二層級：攻擊型與防守型股票

系統的第二層級分為攻擊型與防守型股票，可針對每個人
的需求進行不同比例配置，兩者百分比合計為 100％。

至於配置的最佳比例因人而異，好比每個人喜好的口味不
同，有些人喜歡辣一點，有些人喜歡鹹一點，根據個人偏好妥
善調整後，就能找出適合自己的最佳比例。不過，這個最佳比
例並非終身不變，會隨著時間、心態、年齡的不同而變化，例
如小時候可能特別喜歡甜食，長大後反而偏愛鹹食。

股票配置也是如此，也許初入股市時什麼都不懂、容易害怕，對股價起伏的耐受度低，這時不妨從「90％防守、10％攻擊」或「80％防守、20％攻擊」起步，以領股利的防守型股票為主，先求能在市場生存下去。

　　隨著待在股市的時間變長，知識與經驗不斷成長與累積後，面對股價震盪不再這麼害怕時，就可以回到第二層級來調整股票資產配置的比例，改成「50％防守、50％攻擊」或「40％防守、60％攻擊」。

　　對於初學者來說，要辨別自己適合哪種股票資產配置或許有些難度，但沒關係，你可以先以一個標的買 100 萬的假設，對照下面三種示範類型，跟著流程圖跑一遍。

　　設定 100 萬的主要目的，是為了檢視自己資產部位一旦放大時，能否接受這個未實現損失的金額？不一定真的要有 100 萬才能存股，透過金額放大，能幫助讀者釐清內心真正可承受的風險比例是多少，進而規畫出最適合自己的股票資產配置。

（1）攻擊型股票流程示範：

我們先舉買 100 萬元的台積電（2330）放在攻擊部位來跑一次流程：

花 100 萬元買台積電（2330）的理由？	Q1：是因為聽別人推薦？	是	退回。先做功課，買股要有自己想法。
		否	前進。
	Q2：是否高殖利率（>5%）？	是	退回。成長股追求資本利得，殖利率不重要，若想追求高殖利率請退回將資金挪至防守部位。
		否	前進。
	Q3：是否成長性高？	是	前進。
		否	退回。缺乏成長性的股票，長期持有無法取得資本利得。
	Q4：是否能接受股票 10 年以上不成長	是	前進。
		否	退回。這部分最考驗人心，所以請不要欺騙自己，誠實面對自己的內心。如果會擔心就退回降低攻擊比例，防守部位高只是賺得比較慢，還是大勝定存、儲蓄險。
	Q5：能接受股價 1 週跌 10%？（100 萬→90 萬）	是	前進。
		否	退回。攻擊部位資金投入太多了，已造成心理負擔，須降低金額。
	Q6：能接受股價半年後續跌 30%？（90 萬→63 萬）	是	前進。
		否	退回。攻擊部位資金投入太多了，已造成心理負擔，須降低金額。
	Q7：能接受股價 1 年後續跌 50%（63 萬→31.5 萬）	是	前進。
		否	退回。攻擊部位資金投入太多了，已造成心理負擔，須降低金額。
	Q8：股票大漲時	賣	1、有資金需求，如買房、裝潢。2、調節換至價格低檔的優質股。3、部分調節至股災備用金定存。
		不賣	繼續持有

這些問題都是想幫助你檢視內心，評估自己存攻擊部位股票的比例適合多少。成長股考驗人心之處，除了漲幅不如預期外，還有下跌時出現較大的跌幅，若無法承受未實現損失金額太多的朋友，就該調低這部位的資金。

此外，即便同為成長股，存「個股」、「主題 ETF」以及「大盤 ETF」三種所承擔的風險亦不同。個股風險最大，主題型 ETF 次之，大盤 ETF 最小。因此攻擊部位除了衡量適合投入的金額外，也須根據自身耐受程度挑選「標的」。

以小車先生來說，他的攻擊部位股票原本以台積電為主。從 2020 年持有至今，他認為持有個股的痛苦指數太高，因而改變策略，現在將薪水閒錢投入風險較小的大盤型 ETF。目前規畫是若未來台積電股價有機會上看 800 元，甚至如闕又上老師所說的千里之外，就會陸續將台積電（個股）獲利了結轉至大盤型 ETF。

希望通過這一連串的問心之後，大家對於攻擊部位的「標的選擇」及「投入資金比例」能更有自己想法。

（2）防守型股票「金融股」流程示範：

我們再舉買 100 萬元的合庫金（5880）放在防守部位來跑一次流程：

花 100 萬元買合庫金（5880）的理由？	Q1：是因為聽別人推薦？	是	退回。先去做功課，買股要有自己想法。
		否	前進。
	Q2：穩定配息 10 年以上？	是	前進。
		否	退回並換股。以股利現金流為主的股票，穩定配息很重要。
	Q3：每年配息落差不大？	是	前進。
		否	退回並考慮是否能接受？每年配息落差太大的股票，容易導致未來退休後的生活品質不一。
	Q4：股價波動小？	是	前進。
		否	退回並考慮是否能接受？保守型股票求穩，若長時間股價起伏大便失去保守求穩的意義。
	Q5：盈餘分配率大於 70%以上？	是	前進。產業成熟且公司夠大方。
		否	退回。須檢視盈餘分配率不高的原因，倘若該公司規畫未來投入「規模擴張」或「產業技術精進」且 EPS 逐年成長，可將其放至成長股部位；反之，若無未來擴張、精進打算，純為公司小氣的股票，可換股。
	Q6：是否高殖利率（>5%）？	是	前進。此類股票未來已不具成長性，須嚴格要求殖利率，避免過低的殖利率拖累整體資產累積速度。
		否	退回。若殖利率 <5% 的原因在於價格太貴，就待價格回檔再買；若是因為股利太少，持續兩年未改善可換股。
	Q7：股票大漲時	賣	調節最多 20% 比例換至其他殖利率較高的股票，其他 80%須長期持有。
		不賣	長期持有領股利。

金融股為個股，透過以上問題可篩選出能提供穩定股利現金流的股票。每年股票保守部位的股利，是面對股市大跌及退休生活的底氣，須謹慎挑選。

（3）防守型股票「高股息 ETF」流程示範：

將買進 100 萬元歷史悠久的元大高股息（0056）放在防守部位來跑一次流程檢視：

花100萬元買元大高股息(0056)的理由？	Q1：是因為聽別人推薦？	是	退回。先去做功課，買股要有自己想法。
		否	前進。
	Q2：選股邏輯是否符合自己需求？	是	前進。以台股前 150 大公司為母體，選出預估未來一年現金殖利率的前 50 檔股票，且產業類型分散。
		否	退回並換股。選股邏輯為 ETF 的核心思想，不符合自身理念的選股邏輯，易使人缺乏持有的信心。
	Q3：ETF 內標的更換不要太頻繁	是	前進。0056 最高五進五出，適度汰弱留強即可，大部分以長期持有為目標。
		否	退回並考慮是否能接受？標的更換太頻繁導致管理費高、人為操作多，且很可能發生除息後的股票尚未填息即賣出的情況，ETF 淨值越換越低。
	Q4：ETF 規模與流動性	好	前進。
		差	退回並考慮是否能接受？ETF 規模與流動性不足易導致買賣不方便。
	Q5：一年以上觀察期	是	前進。時間越久越禁得起考驗。
		否	退回並考慮是否能接受？不足一年的高股息 ETF 全年配息及填息情況皆不明，風險稍高。
	Q6：是否高殖利率（>5%）？	是	前進。此類 ETF 因選股邏輯以高股息為主，股價未來成長性有限，須嚴格要求殖利率，避免過低的殖利率拖累整體資產累積速度。
		否	退回。價格太貴就待價格回檔再買；股利太少可考慮先買其他標的。
	Q7：股票大漲時	賣	調節最多 20% 比例換至其他殖利率較高的股票，其他 80% 須長期持有。
		不賣	長期持有領股利。

ETF 的成分股為 30 ～ 50 檔，風險相較個股低，但也不代表所有 ETF 都很安全。還是要去理解其選股邏輯，並且觀察一年以上的配股及填息情況。倘若認同該檔高股息 ETF 的選股邏輯，而且也有一年以上穩定的配息及填息紀錄，加上價格落在 5%以上，便可放心分批購買。

小結

以上為存股系統流程圖的使用方法與標的示範。其實我們持有股票就像是一位雞蛋行老闆，擁有數十車脆弱而又珍貴的雞蛋。如何兼具安全與效率將雞蛋成功送達目的地，每個人會有不同的配送方式。雞蛋車直接開上高速公路固然較早抵達，然而一旦發生事故很可能整車雞蛋所剩無幾；車子改走平面道路相對較安穩、保全雞蛋的機率也較高，但須忍受較長的運送時間。至於老闆要分配幾台車上高速公路？幾台車走平面道路？人人的想法與做法各異。而本流程圖為的是透過每道問題協助你理解自己正處於哪一條道路以及應該分配多少比例在不同的路上。希望能幫助大家釐清心中所想，配置出真正適合自己的股票資產組合，安心的長期持有下去。

妥善的股票資產配置，能讓自己面對股市震盪時，心如明鏡。

攝於 花蓮。

股票資產配置就和飲食一樣，要均衡

所謂「雞蛋不要放在同一個籃子裡」，核心持股存到一定規模後，對股市的心態漸趨穩定，財商也因閱讀而有所提升，可以進一步開始思考「股票資產配置」。

類股分散

資產配置可以是類股的分散，若第一檔存的核心持股為金融股，待存到設定的張數或資金規模後，就能開始考慮分散至民生股、電子股或傳產股，當然前提仍是慎選個股。

懶得選股可考慮高股息或大盤 ETF，直接幫你買進一籃子不同類型的股票。如此一來，不管外資的輪盤轉到哪裡，我們的持股都能有一部分站在風口上，避免總資產一口氣大起大落。像小車的持股裡有水泥、塑膠、金融、電子、高股息 ETF、海外 ETF 00757、00916，不管大盤怎麼輪轉，目前為止尚未遇過各類標的一起暴跌的情況，算是取得一個微妙的平衡。

核心與成長股分散

另外，也可以考慮配息和成長股的分散。如小車的持股裡既有 60％核心持股，也有 40％部位放在成長股。60％核心持

股使我在面對熊市資產大縮水時，無論漲跌至少能確定股利會準時進帳，或許金額不大，對我來說卻是大跌時最實質的安慰與增強。至於 40% 成長股（新手可從 0050 開始），雖然股利發放的比例不多，但股價較活潑，面對牛市的多頭行情，能比核心持股享受更多的價差紅利。

分散是骨子裡的習慣

股票資產配置如同飲食要均衡，雖然不必極端到各類股票都持有，至少要做到「不偏食」，避免全部資金單壓某種類股，造成因單一類股走弱，導致整體資產或股利大縮水的慘況。

就和我們買衣服一樣，假如因個人偏好只買運動服，但是運動服不適合出席正式場合，所以一般人買衣服除了挑選自己偏好的風格外，偶爾也會買幾件秀氣、端莊的衣服以備正式場合之需。

這點與股票配置類似，如果你深思熟慮後買了一檔大盤型ETF，它有優點也必有缺點，股市大漲當然抱得眉開眼笑，一旦股市落入熊市，也許一天、兩天的不舒服還忍得住，但是半年、一年，甚至兩年以上還能堅持下去嗎？

此時搭配有另一檔領股利為主的核心持股，儘管股市大漲時無法帶來資本提升的快感，但無論熊市股價如何重挫都篤定有股息進帳的感覺，足以緩解大盤 ETF 狂跌的不適感。

　　「分配」的觀念是求一種中庸之道，不走極端能讓自己處於任何情況，皆留有餘地、保全自身。如果你連尋常的買衣服都懂得做分配，面對足以影響人生的投資大事，又怎麼能不做好分配呢？

存股小語

存定存股是「養雞」，存成長股是「養豬」

2022年金融股屢創新高，即便烏俄戰爭造成市場恐慌，其修正的程度也很有限。當時有許多資金還沒買完的朋友紛紛問小車：「xx金和oo金還可以買嗎？」

小車都回答：「金融漲太多，可以考慮同樣會發股利的高股息ETF！」

在小車的分類裡，以領現金流為主的標的即為定存股，著重未來市值成長的便是成長股，不必拘泥於形式是個股還是ETF。

· 定存股

定存股就是所謂的「核心持股」，選擇的重點在於可提供穩定的「股利」，累積張數越多，現金流的威力越大。這類型股票的優點是安穩，但也伴隨股本較大、股價成長幅度較小的缺點。如同養雞場裡，母雞生的蛋就是股利，年年領取股利能讓心理踏實，但母雞長大的程度有限，就和定存股的股價一般。

除了金融股之外，我也將高股息ETF（如：0056、00878）放在此類，換算當下殖利率，哪檔高就買哪一檔。

·成長股

　　成長股是預期未來公司股價與獲利會大爆發，眼前會保留較多盈餘來拓展事業版圖，所以要忍受多年的低殖利率，以換取產能成熟後的成長。就像在農場養豬一樣，從小豬開始，沒有年年的雞蛋可領，但能期待小豬長成大豬、肥豬時，一口氣宰來吃。這類股票像是台積電、大盤ETF及特定產業趨勢的ETF，如0050、006208、00757……等。

　　因此，就算是存ETF，也要先了解它是屬於哪一類喔！

03
CHAPTER

這麼做，不怕漲跌影響

本章重點

破除一些選股、買股常見的小迷思，以及面對大跌與大漲
分別在心態與實際上有哪些做法，能助我們安穩走過每次
股市震盪。

持續累積核心持股張數,能為生活帶來穩定的股利現金流,但並非所有發股利的個股或高股息 ETF 都適合存股。挑錯標的或買錯價格,輕則拉長資產累積時間,重則導致資金套牢、資產縮水。

　　這一節將分享我們挑選及買進核心持股時,特別須留意的原則,順道釐清一些常見的存股小迷思。

💰 殖利率為什麼一定要 5%以上

　　我的持股配置分為「核心持股」與「衛星持股」兩種。

核心持股以每年領股利為主，除非公司走下坡，否則一律抱好抱緊，價格設定在殖利率 5％以上買進。衛星持股則選擇成長股，看重它未來股價與獲利爆發的潛能，買進時即使殖利率低於 5％也沒關係，因為賺取的是未來產能成熟後的資本利得（價差）。

有朋友好奇詢問：「為什麼核心持股一定要 5％以上才能買呢？難道 4％差一點點不行嗎？」其實只要標的穩妥，5％或 4％長期持有下來，必定是大勝定存的 1.5％。至於設定 5％的原因，是在 72 法則之下，5％和 4％兩者就相差了 3.6 年。

72 法則

投資上的 72 法則，是指在複利的前提下（持續將每年獲利投入），用 72 除以預估的年含息報酬率，算出資產翻倍所需的年數。

假設最初投資金額為 100 萬，年含息報酬率 8％，將 72 除以 8，得 9，意即 100 萬成長至 200 萬需約 9 年時間。若將各種年含息報酬率套用至 72 法則，得到結果如下表：

年含息報酬率	套用 72 法則	資產翻倍年數	比較
8%	72 ÷ 8 = 9	9	
7%	72 ÷ 7 ≒ 10.3	10.3	比 8%多 1.3 年
6%	72 ÷ 6 = 12	12	比 7%多 1.7 年
5%	72 ÷ 5 = 14.4	14.4	比 6%多 2.4 年
4%	72 ÷ 4 = 18	18	比 5%多 3.6 年
3%	72 ÷ 3 = 24	24	比 4%多 6 年

由上表可知：年含息報酬率每少1％，就要多花2～6年才能讓原本資產翻倍；相對地，年含息報酬率每多1％，就可以少花2～6年讓資產翻倍。

換句話說，年含息報酬率越高，資產翻倍就越快，大家不妨選擇自己能接受的時間。然而，除了要注意年報酬率，還須留意報酬率的合理性。一般以領息為主的核心持股，年含息報酬率落在5％～8％較為合理。

倘若超過8％，則需觀察該股或 ETF 歷年的填息（漲回除息前的價格）情況，如果大部分的年度都無法填息成功，導致股價越除越低的話，很有可能賺了股息賠了價差，不能算是一個好的存股標的。

核心持股，挑選有填息能力的標的

常有人酸存股領股利是左手換右手，沒填息就等於自己掏錢給自己，還要繳所得稅與健保補充保費，真是傻得徹底。到底填權息這件事難不難呢？其實我們買進的股票，只要符合以下二個條件，填權息基本上不會太難。

條件 1：挑選績優股

存股必須長期持有，所以存個股要挑選績優股絕對是最大前提。如果一間公司體質不佳、獲利來源不明，那麼即使買一張股票 100 元配 50 元股利也不可以買。

而買進後也不能不聞不問，要持續關注每月（或每季）的 EPS 是否成長，或維持既有水準？若排除大環境因素影響，公司還是連 2 年獲利走下坡，就要考慮在合適時機換股。

如果買高股息 ETF，也要先理解該檔 ETF 的選股邏輯是否合理，並留有一年以上觀察期，留意其填息能力。如果殖利率高，但填息能力差，長期會導致 ETF 淨值、價格隨配息而越來越低，這種標的也要避免購買。

條件 2：買進價格是關鍵

持有股票填息與否，該在意的不是新聞定義的填息，而是**個人「持有均價」的填息與否**，也就是大俠武林所說的「個人式填息」。

一般新聞關注某某個股填息與否，看的是除息前一天的收盤價，且價格多半是一年之中的相對高點。但我們又不可能傻到所有持股都在那天買，因此在意官方說法的填息與否，並無意義。我們該關注的重點是，除息後的價格有沒有漲回自己的「持有均價」。當股票市價「等於」或「高於」自己的買入成本，那些匯入帳戶的股利，便真正屬於我們。所以我們持有股票的「均價越低」，個人式填息就越快完成。像小車持有的兆豐金均價 28.18 元、合庫金均價 20.02 元，根本不必等除息就已經填息，自然不用煩惱填息與否，只須專心累積張數即可。

因此即便是好標的，買進價格不能完全不管，以 2022 年金融股價格瘋漲為例，原本持有均價低的朋友，就算在高點買進，能撼動均價的程度也有限；不過，若是一張都沒買過的超級新手，就要慎選入手時機，以免持有太多均價過高的股票，除息後填息壓力大，便真的成為左手換右手的韭菜了。

2023 年我賣光了玉山金，因爲……

2023 年 2 月 20 日，玉山金（2884）宣布股利政策，小車來談談我的想法。

配現金 0.2 元、配股 0.4 元，合計 0.6 元，

盈餘分配率：0.6 ÷ 1.1（2022 年 eps）× 100％ ≒ 54.5％

結論：配股佔比太大，易導致股本膨脹，而 54.5％的盈餘
　　　分配率與以往優秀的 85％落差甚大。

配股跟不上獲利

當初選擇存玉山金，除了因為企業形象優良、獲利穩定，還有其股利政策「配股比例高」，加上「大方的盈餘分配率」，而且能連續十多年配股，EPS 始終穩定維持在 1.5 元上下的水準。這些優點讓我在 2021 年面臨玉山金股利衰退至 1.22 元時（為 2020 年盈餘分配），仍願意繼續持有。後來 2022 年股利（為 2021 年盈餘分配）回復到 1.34 元，讓我更有信心地抱下去。

然而，玉山金 2022 年全年 EPS 為 1.1 元，相較於 2021 年的 EPS 1.54 元衰退了約 28.6％。2022 年是金融慘淡的一年，衰退也不是什麼稀奇的事，壽險類金控衰退 60％的也大有人在。不過，單以銀行為獲利主體、沒有壽險拖後腿的玉山金，是我手上衰退最多的標的，可見它民營獲利積極成長的優勢不

再，EPS 已經追不上膨脹的股本。

其實 EPS 縮水是 2023 年 1 月 10 日公布 2022 全年 EPS 時就已知道的事，原本還想多觀察 2023 年前兩三個月的 EPS 和股利政策，再來決定去留。如果玉山金能意識到自己 EPS 跟不上股本，進而縮小配股比例的話，我會選擇繼續抱下去。

不料，公司不僅股利政策配股 0.4 元，更要辦理 0.42 元的現金增資，也就是股本要繼續膨脹 1.082 倍以上（還有 15％員工認股、10％抽籤）。如此只會讓原本已不理想的 EPS，未來面臨更嚴峻的挑戰，而股價也可能因衰退的 EPS，而逐步走上修正之路。

一位成績優異的學生，一次考砸了，只要願意弄懂之前錯的題目，再輔以更積極的讀書態度，相信要重返往日的優秀表現不是難事。但在還沒學好基礎題之前，就去挑戰更艱深的進階題，這種修改方向實在令人堪憂。

若持有均價低於市價，且有報酬率更好的投資標的，可考慮擇時賣出換股；如果均價高於市價，則參與增資、配息，於除息後分批買進拉低均價。

以上是一位平凡小散戶的拙見。

誰划算就買誰，個股、ETF 不設限

在累積核心持股的過程中，每年遇到的狀況都會不同。以往金融股物美價廉，運用「5-4-3 規律」（詳見 1-2）買入即可；到了 2022 年金融股因升息利多，使股價居高不下，反觀幾檔現金殖利率高於金融股的高股息 ETF，終於讓我決心改變資金流向。至於 2023 年又是不同光景，除息後該如何進場呢？

2023 年買進策略

官股四金自 2021 年尾起漲後，價格一直無法修正到合理的區間，2022 年 8 月除息後，尚有殖利率超過 6％的元大高股息（0056）、國泰永續高股息（00878）可買，但 2023 年連這兩檔 ETF 也因受惠於 AI 成分股，導致價格同樣居高不下。

面對金融、高股息 ETF 價格皆高的情況，2023 年累積核心持股確實比較吃虧。

然而小車認為買股就跟買菜一樣，該投入的錢還是得買，因為我們無法預測漲跌，也許未來幸運遇到大跌，也許未來一山還有一山高猶未可知，一直等著不知不覺又成了場外的舉人。既然規畫投資的錢就要想辦法投入，又不能隨意亂買的話，到底資金該如何分配進場呢？

雖說本書出版時已進入 2024 年，但讀者還是可以參考我在 2023 年的做法以及判斷方式，面對股市詭譎變化時，能靈活調整自己的買進標的。

一、以零股方式分批買進大盤 ETF

0056、00878 這兩檔高股息 ETF 的價格，都在 2023 年創下歷史新高，即便漲高後有小幅的修正，但與過去相比仍盤旋在相對高點。另一方面，2023 年 8 月大盤雖然已接近一萬七千點，但並未爬回 2022 年股災前創下的 18619 點，加上景氣燈號依然維持在藍燈，相形之下大盤 ETF 尚有一些上漲空間。

大盤 ETF 如：元大台灣 50（0050）、富邦台 50（006208），在小車的分類是屬於成長股，看好長期趨勢向上，未來賺取資本利得（價差），並非以領取股利為主。殖利率較低，且股價起伏較大，不宜單筆大量投入，可採每月定期定額買零股、逢低再加碼的方式投入，避免一次套在高點的窘境。

二、每月擇優購買核心持股

買大盤 ETF 雖是 2023 年 8 月除息後相對划算的選擇，不過對於新手朋友來說，第一次買股就挑戰股利少、價格起伏又大的大盤 ETF 確實不太容易。

倘若想從核心持股開始累積，由於 2023 年 8 月金融、高股息 ETF 皆高，我們不一定要執著於買除息後的金融股，可將投資的戰線拉長，把每年規畫投入股市的錢分為「12 份」，每月買一份分批投入。

　　選定一檔心儀的金融股、一檔高股息 ETF，每月買進前根據「價格殖利率」高低來決定當月要買的標的。我們以「合庫金、0056、00878」這三檔為示範來計算殖利率，時間排在 2023 年 8 月 9 日合庫金除息日：（季配 ETF 除息價差不大，因此挑金融股除息日來比較三者殖利率）

1、合庫金（5880）

　　2023 年 8 月 9 日我們可以根據 2023 年前半年 EPS 推算合庫金明年股利：

　　1 ～ 6 月累積 EPS 0.68 元，假設剩下 6 個月每月賺 0.11 元

　　全年預估 EPS：$0.68 + 0.11 \times 6 = 1.34$ 元

　　明年預估股利：$1.34 \times 85\%$（盈餘分配率）$\fallingdotseq 1.14$ 元

　　抓配現金 0.9 元，配股 0.24 元，則一張合庫金配現金 900 元、24 股

　　24 股$\times$25.2 元（近 3 年均價）$\fallingdotseq$ 605 元

賣配股殖利率：（900 ＋ 605）÷27,850（2023/08/09 一張合庫金價格）╳100% ≒ 5.4%

2、國泰永續高股息（00878）

近四季股利分別為 0.28、0.27、0.27、0.35，一年共計 1.17 元

殖利率：1.17 ÷21.5（2023/08/09 收盤價）╳100% ≒ 5.4%

3、元大高股息（0056）

2023 年改季配，已發 1 元，估計全年股利約 2 元

殖利率：2 ÷35.35（2023/08/09 收盤價）╳100% ≒ 5.6%

三者殖利率差不多，可挑選自己喜愛的標的買。不過若賣配股與全配現金標的殖利率相近時，**小車會傾向於買「全配現金」的 ETF**，一來全配現金為實拿，配股賣出還有價差風險，二來 ETF 風險較個股分散。

須留意當金融股與高股息 ETF 皆處於高點時，買進記得謹守規律，一個月買進「一份」的錢，千萬不要腦熱多買，維持穩定累積股數，以待未來股價修正時再加碼。

也可持續觀察，若金融股修正至適合買點，又可以回到

「5-4-3 規律」，把握 9 ～ 12 月將股買完；若仍未修正至理想價格，則採取「每月」比較金融股、高股息 ETF「殖利率高低」後再擇一買進。

📝 **小車買進判斷原則：**

▶ 金融股便宜：遵循金融股「5-4-3 規律」。

▶ 高股息 ETF 便宜：定期定額分批買。

▶ 金融、高股息 ETF 都貴：

　1、零股買大盤 ETF。

　2、每月比較兩者「價格殖利率」後再擇一買進。

※ 以上為個人想法，僅供參考，投資仍須靠自己謹慎判斷。

買股就跟買菜一樣，誰划算就買誰，不必執著買過漲標的。

———————

攝於 艾克斯的露天市集。

存股小教室 🔍

領股息就像果樹摘果實

很多人質疑除息日開盤價已扣除股息，和在除息前買並領股利的權益一樣，那持有股票領股利是不是左手換右手，到頭來始終一場空？

小車的回答是：「要看持有均價。」

如果股票持續多年買進，持有均價已低於除息價，每年領股利就是紮實獲得公司盈餘；反之，若第一年在除息日前高價買進，持有均價遠高於除息價，則當年領取的股利有極大機率會左手換右手。就跟買果樹須先付出成本，買得越便宜，回本並開始獲利的時間就越快；相對的，買得越貴，回本並開始獲利的時間就拉越長。

股利是盈餘分配

股息是公司發放的盈餘分配，是公司賺了錢，扣除未來營運所需的金額後，多出來分享給股東的。當然股利發出的時淨值會下降，價格也因扣除股利而變低，但獲利穩定的公司又會在新的一年有新的盈餘開始累積。

就跟果樹結果實一樣，摘果實的當下，整棵果樹的重量確實減少了，但只要果樹維持健康，明年會再結出新的果實供人採摘。核心持股就是果樹，買果樹的好處是年年有果實吃，缺點是果樹的規模已成形，不會有太大變動。

留意果樹是否有年年結實的能力

除息前買的股票就像買一棵結滿果實的樹，價格包含了這一批未採摘果實的價值，當然較貴；而除息後買的是採收完果實的樹，價格僅含一棵果樹，因此較便宜。只要果樹有年年結實的能力，買進後安心靜待明年收成即可。不過也要觀察公司是否能持續穩健獲利（EPS），才能維持股利發放水準，就和留意果樹健康、有無病蟲害，以確保來年的收成無虞一樣。然而天有不測風雲，公司營運總有逆風的時候，倘若因「單一突發事件」或「大環境」而導致公司獲利衰退，無須太過擔心，穩健的公司自有因應之道。如果大環境因素消失，而獲利仍不見起色、持續衰退的話，就要考慮換股。

股利如一籃籃果實，收穫滿滿。

_____
攝於 法國艾克斯。

存股小教室 🔍

買零股會比較貴嗎？

在投入資金有限的情況下，小車喜歡買盤中零股，每當我在粉專公開零股買進對帳單時，總有不少朋友私訊詢問買零股會不會比較貴呢？

手續費一樣

以前零股交易不發達的時候，手續費不滿 20 元須以 20 元計，那時買零股確實較不划算。但自從 2020 年 10 月 26 日開放盤中零股交易後，各家券商為搶奪零股交易大餅，紛紛取消手續費 20 元低標的限制，改以 1 元起跳（實際優惠請洽各家券商），此優惠一開便已弭平了零股與整張的手續費差異。

關於盤中零股手續費，以小車使用過的華南證券、元大證券下單 APP 為例，兩家券商皆為 1 元起，按照買股比例付0.1425％手續費。換句話說，一次買一張台積電和買十次 100股台積電，兩者的手續費都是交易金額的 0.1425％。

零股成交價較整張貴

零股交易的成交價，確實會比整張貴一點點，價差大的約

貴個 1、2 元，價差小的就貴個 0.1、0.2 元。以 2023 年 9 月 1 日股市為例，整張台積電（2330）價格為 548 元，零股約 549 元；價差小的第一金（2892）整張 26.45 元，零股約 26.55 元。

　　雖然現在零股跟整張手續費皆按比例算，但零股成交價通常比整張貴一點點，長期買下來成本會不會比買整張貴呢？個人認為如果是購買價差小的股票，長期買進以「張」為單位仍會比零股划算。若是以下兩種情況，建議零股交易較佳：

一、個股價差大

　　以台積電、0050 為例，台積電 2023 年 1 ～ 9 月的高低點落差為 141 元（594 ～ 453），0050 的高低點落差為 21.75 元（132.5 ～ 110.75），若股票平日的價差起伏遠大於每次零股貴的 1、2 元，則適合使用零股交易以分散價格風險。

　　Ⓢ買一張台積電，若一次 all in 買在歷史高點 688 元，花費金額為：
- 買進金額 688×1,000（股）＝ 688,000 元
- 手續費 688,000×0.001425 ＝ 980 元
- 合計 688,000 ＋ 980 ＝ <u>688,980 元</u>

Ⓢ **分十次100股買進台積電**，分別買在 688 ＋ 2、663 ＋ 2、638 ＋ 2、613 ＋ 2、588 ＋ 2、563 ＋ 2、538 ＋ 2、513 ＋ 2、488 ＋ 2、463 ＋ 2 元（假設每次零股成交價都貴 2 元），

· 花費金額為：69,000 ＋ 66,500 ＋ 64,000 ＋ 61,500 ＋ 59,000 ＋ 56,500 ＋ 54,000 ＋ 51,500 ＋ 49,000 ＋ 46,500 ＝ 57,7050 元

· 手續費：577,050 × 0.001425 ＝ 822

· 合計：577,050 ＋ 822 ＝ <u>577,872 元</u>（較佳）🩶

　　由上可知，買進價差大的股票，價格的分散投入會比零股買貴更重要。即便每次零股都比時價貴 2 元，十次湊起來也會比買一張套在 688 元來得便宜許多。當然，如果是很會猜價格高低點的天選之人，有能力直接判斷低點在 453 元買一張的朋友，就不用分散買零股啦！很可惜我不是。

二、錢不多但遇到買點

　　2022 年股市下修，最低跌破一萬三千點，面對大跌即便手中可以買股的錢不多，但遇到週年慶機會難得，買不起整張，至少買零股參與一下，撿到便宜的價格，心情上總比在場外乾瞪眼來得好。

　　以上是小車對於零股交易的想法，分享給大家！

零股交易知識小補充

1、盤中零股

- 委託時間9:00～13:30
- 盤中零股交易自上午9:10起第一次撮合,之後每1分鐘以競價撮合一次。
- 買賣成交優先順序:價格優先,同價格則時間優先。
- 手續費最低1元起(請洽各家券商)。

2、盤後零股

- 委託時間13:40～14:30
- 只撮合一次,於14:30集合競價撮合。
- 買賣成交優先順序:價格優先,同價格則時間優先。
- 手續費最低1元起(請洽各家券商)。

0.1 元的價差，買一張其實只差 100 元

每年有順利跟著小車一起分批把資金買完的朋友，應該可以很悠哉地吃著大餐，欣賞股價的波動，靜待每季或每年股息進帳。

回顧 2021 ～ 2023 年 9 月的第一個交易日金融股、高股息 ETF 價格：

標的／年分	兆豐金（2886）	合庫金（5880）	華南金（2880）	元大高股息（0056）	國泰永續高股息（00878）
2021 年	32.19 元	21.24 元	20.95 元	33.24 元	18.15 元
2022 年	34.61 元	25.7 元	22.75 元	28.1 元	16.8 元
2023 年	35.89 元	26.35 元	20.6 元	35.12 元	20.88 元

2023 年除了股利政策爆冷門的華南金（2880）價格修正特別多之外，回首其他標的 2022 年以前的價格，是不是覺得這些數字像天方夜譚般不可思議呢？當初買不下手的高價，如

今都成為求之不得的地板價。每年空手等下跌的朋友，領息時怕是要無功而返了。

放下小數點之間的執念

其實我們在買股時，常常會有一些莫名的堅持，遇到股價修正應勇敢買進，卻執著於非要買在當天最低價，今天沒買到就等明天，明天沒買到就等後天。等來等去不知不覺為那 0.1、0.2 元的差價，錯過了當下最佳的買點。

以合庫金（5880）為例，2021 年的除息價已創歷年除息新高，若當下還糾結於一定要買到除息價而不願加個 0.2 元，以 21.5 元買入的朋友，只能一路錯過到 2023 年的 26.35 元。

其實金融股的起伏已經不大，每日震盪都在小數點之間。大家可以認真算一下，買一張股票，0.2 元的實際差額才 200 元（0.2 元 × 1000 股），若我們為了不想多花這一、二百元的金額而錯過買點，往後漲到受不了時，就只能多花五、六千元才能買進原本規畫的股數（21.3 → 26.35），反而因小失大。

因此，當買點出現時，這一、二百元的差價就 Let It Go（放過自己）吧！買到還是比較重要的！

存股小教室 🔍

先集中，要集中到什麼時候再分散？

小車曾說存股新手要「先集中再分散，才有成就感」，有粉絲朋友問我要先集中到什麼程度，再分散至第二檔呢？

累積 10 張以上

這個問題基本上沒有固定答案，就我個人而言，選定一檔股票會先累積至少 10 張以上（因為我愛整數，但台積電無法）。若累積達 10 張之後，這檔股票的價格依然划算的話，則會繼續累積張數，直到投入金額超過 100 萬元才會開始分散至第二檔。至於設定投入金額 100 萬也沒有為什麼，純粹是自己內心可以承受單壓一檔股票的最大金額，大家可以自行設定上限。

比較價格殖利率

假設存滿 10 張以後，發現該檔股票價格已在高點，殖利率相對沒那麼划算時，我就會尋找下一檔核心持股開始累積。

就像前面提到的，我在 2018 ～ 2021 年之間，趁金融股殖利率划算時，累積了不少張數，直到 2022 年的年初，因高股息 ETF 的殖利率相對更划算，而開始將其納入核心持股的標的。同時也持續以零股方式，將資金投入成長股。

　　至於原先存的幾檔金融股，獲利穩定則續抱，連兩年衰退就賣出換成當年在集中累積的股票。也許往後幾年局勢改變，2024 年說不定又等到金融股變得划算時，再回頭繼續累積張數。如果手上標的均已超過100萬，又找不到更好的標的時（雖說我目前還沒到這個境界），就會再從持有標的裡，挑選價格相對合理的買進。

大盤差會優先買成長股。

3-2 老手怕緩跌，面對局勢不明的做法

2022 年大盤修正近六千點，面對 10 個月無止盡地緩跌，許多投資人一路接刀接到懷疑人生，最終信心崩壞而認賠殺出，這都是一般人在股市中常犯的毛病。

本節要來分享面對局勢不明的緩跌時，我們該用何種方式買進以及心態應如何調適。

大跌時，來算算今年能領到多少股利吧！

股市持續下挫時，有閒錢的朋友可以分批進場。若手中已無子彈也別難過，只要持有個股的基本面沒變，面對下跌，我們只須做到「不賣」就可以贏過一半的人了！

關掉你的「未實現損失」，回想存股的初衷，開始來算算自己今年可以「領多少股利」吧！

其實估算股利這件事，從每年 1 月 10 日就可以開始算了，因為金融股及其他大型的績優股，都會在這天之前公布前一年的全年 EPS。然後我們再參考個股近 2、3 年的盈餘分配率及配息、配股比例，乘以持有張數，這樣算出的股利與實際所得，雖不中亦不遠矣！

一、現金股利（以南亞、0056 爲例）

南亞（1303）

全配現金的股利最好計算，以南亞為例，2022 全年 EPS 為 4.05 元，參考近三年盈餘分配率平均約 74％（賺 100 元發 74 元）。預估股利為 $4.05 \times 74％ ≒ 3$ 元，持有 10 張可得 $3 \times 10,000 = 30,000$ 元。

元大高股息（0056）

高股息 ETF 也是全配現金，可惜我們無法像個股一樣，透過 EPS 與盈餘分配率來推算股利，所以我會直接用前一年的股利來估算，但只能抓個大概而已，股利開獎時相較於個股會有稍多的「驚喜」或「驚嚇」。

以 0056 為例，2022 年每股配 2.1 元，後於 2023 年 5 月宣布改季配息，不過我們仍可以參考過去配息，約略抓 2023 全年股利為 2 元，持有 10 張可得 2 × 10,000 = 20,000 元。（後註：2023 年 0056 共配 1+1.2 = 2.2 元）

二、配股＋現金（以合庫金、華南金為例）

有配股與配息的公司，我除了計算實際拿到的現金股利，也會估一下配股的市值，兩者合併起來作為當年的收益。

官股金控盈餘分配率向來穩定，但 2022 年金融股受美國股債雙殺影響，許多金控的 OCI（其他綜合損益）出現負值。雖然這損失是「未實現的」，但仍須保留對應的盈餘以便隨時支付虧損，因此影響了金控的盈餘分配率。

2023 年 4 月多家金控公告的股利政策風格與以往大異，故列出 2022 年（反常）與 2021 年（正常）股利配發作為對照。

合庫金（5880）

2022 年股利

2021 年 EPS 為 1.51 元，參考近三年盈餘分配率平均為 85.3％，股息估計 1.51 × 85.3％ ≒ 1.28 元。

由於往年合庫金配股、現金比例約 2:8，所以可抓配股 0.28 元，現金 1 元。

持有 10 張合庫金可得現金 1 × 10,000 ＝ 10,000 元，配股 28 股 × 10 張＝ 280 股（市值約 7280 元）

★後來 2022 年 4 月合庫金公告股利政策為配股 0.3 元，現金 1 元，合計 1.3 元。

結論：符合預期

2023 年股利

2022 年 EPS 為 1.45 元，參考近三年盈餘分配率平均為 85.3％，股息估計 1.45 × 85.3％ ≒ 1.23 元，抓配股 0.23 元，現金 1 元。

持有 10 張合庫金可得現金 1 × 10,000 ＝ 10,000 元，配股 23 股 × 10 張＝ 230 股（市值約 5980 元）

★後來 2023 年 4 月合庫金公告股利政策為配股 0.5 元，現金 0.5 元，合計 1 元。合庫金 2022 年的 OCI 為負值，股利 1 元中僅 0.12 元為真正的盈餘分配，為符合廣大股民期待，挪用公積發放剩下的 0.88 元。

結論：尚算符合預期，但須留意挪用公積配息頻率不可太高。

華南金（2880）

2022 年股利

2021 年 EPS 為 1.3 元，參考近三年盈餘分配率平均為 83.4%，股利估計 1.3×83.4%≒1.079 元，保守抓 1.05 元。由於往年華南金配股、現金比例各半，所以可抓配股 0.5 元，現金 0.55 元。

持有 10 張華南金可得現金：0.55×10,000 = 5,500 元，配股 50 股×10 張 = 500 股（市值約 10,000 元）

★後來 2022 年 4 月華南金公告股利政策為配股 0.34 元，現金 0.78 元，合計 1.12 元。

結論：尚算符合預期

2023 年股利

2022 年 EPS 為 1.27 元，參考近三年盈餘分配率平均為 83.4%，股利估計 1.27×83.4%≒1.059 元，保守抓 1.05 元。

由於 2022 年華南金股利政策為配股、現金比例約 3:7，所以可抓配股 0.3 元，現金 0.75 元。

持有 10 張華南金可得現金：0.75×10,000 = 7,500 元，配股 30 股×10 張 = 300 股（市值約 6,000 元）

★後來 2023 年 4 月華南金公告股利政策僅配現金 0.59 元。

結論：不符合預期，落差極大

以上即為每年 1 月 10 日公布前一年全年 EPS 時，我們可以試算股利的方法，儘管遇到特殊狀況時的結果與預估存在落差，甚至 4 月公布股利政策時會有些許驚喜或驚嚇。但先試算不僅能為存股增添樂趣，也能在大跌時安慰自己無論之後股價如何崩跌，只要做到撐住不賣，這些錢就篤定能進口袋。另外，還有一件不變的事，就是張數越多，股利領起來越有感，成就感與動力也會越多，與大家共勉之。

友情提醒

一檔股票的股利超過 2 萬元須扣 2.11% 健保補充保費。
也就是領 2 萬元股利，會扣健保補充保費 20,000 × 2.11%
＝ 422 元。

大盤下跌時，「4 個自問」堅定買進和持有決心

2022 年盤勢一蹶不振，網路上唱衰的聲音也多了起來。一群人開始摸著水晶球當起占卜師，預測股市如何崩盤、景氣如何衰敗……等，如同比賽兩旁不看好你的觀眾，不僅質疑越來越大，甚至還拿起大聲公吶喊，深怕你聽不見。

為何我會在第一本書中提到存股決勝點在於「你有多淡定」？存股雖然只是「買進」與「持有」這兩個簡單的動作，但執行上並不容易。持股的過程時常要面對詭譎多變的國際情勢、內在理智與恐慌交戰、身旁人們唯恐天下不亂的言論……等，要不為所動、長久堅持絕非易事。

當內心動搖時，請問問自己：

1. 是不是閒錢投資？
抱著存儲蓄險要被綁 6 年、10 年、20 年的心態，急錢不投、長期持有。

2. 是不是領到股利了？

每年進帳的股利擺在眼前，即便 EPS 打了些折扣，但不至於明年發不出股利。

3. 持股有沒有可能 10 年、20 年都填不了息？

大盤下跌的情勢可能會讓個股的填息之路不好走，也許一年填不了息，但持股有爛到 10 年、20 年我們屆齡退休時都填不了息嗎？

4. 存股是否為了不想再被漲跌干擾、制約？

如果存股的初衷就是不想再做價差、以領息為主，那麼漲跌與我們有什麼關係呢？

在眾聲喧譁的時代，為自己保留一片寧靜的心田吧！

在眾聲喧譁的時代，為自己保留一片寧靜的心田。

攝於 北海道富良野。

💰 面對局勢不明的樸實無華買股法

每當有粉絲朋友問我一口氣漲這麼多，還可以買嗎？一口氣跌這麼多，要等低點再進場嗎？其實面對局勢不明的時候，小車的做法都是依紀律分批進場買零股，不去猜測高低點，因為沒空而且也猜測不了。

優先買低於持有均價的股票

至於買進標的，可根據自己持有均價來選擇。如果持有標的市價皆低於均價，可以輪流買，隨便買都能拉低持有均價；若持股市價有些低於均價、有些高於均價，則優先挑選低於均價的買，既累積股數又能拉低均價。

當然前提是持股都是做過功課的好股票，若是公司體質不佳或者 EPS 表現衰退太多的，價格就算再便宜也不可妄動。加碼時，也須留意不要偏離自己設定的核心與成長股比例太多，避免資金單壓同一類股。

分批進場買零股

我在前作〈股災加碼與反思〉一文中，提過自己雖然在 2020 年 3 月的股災中，很勇敢地動用一筆定存加碼，可惜的是當時買得太急，一次買一張玉山金一下子就買完了。股災一

年後，我的反思是，如果股災再來一次，我會採取「以零股交易分批加碼、買進超跌的優質股」兩種方式執行。

後來在 2022 年，遇上長達十個月的大盤修正（最低一萬兩千多點，尚不到新冠股災跌至八千點的程度），在跌幅近六千點的過程中，我就採取這樣的方法買進，也許撿到的麥穗不大，卻紮實地握在手中。

至於如何維持源源不絕的資金分批進場？其實自從盤中零股交易開放後，面對局勢不明且錢又不多時，我喜歡分批買入零股。以小車現在薪水閒錢固定月投 2 萬元為例，可將 2 萬元分作十次 2 千元買零股，每月以 10 天為一單位買 3 ～ 4 次。

每月 01 ～ 10 日 ➡ 買 4 次
每月 11 ～ 20 日 ➡ 買 3 次
每月 21 ～ 30 日 ➡ 買 3 次

秉持**買綠不買紅**的原則，遇到全紅就關 APP，見下跌則挑當天最適合加碼的標的買零股，挑不到也不勉強。10 天買 3 ～ 4 次通常很容易就買完，然後保留資金到下個 10 天繼續買。若月底薪水帳戶還有剩錢，則撥進證券帳戶再加買，或留待下個月重新分配。

由於金額有限，所以規定自己一次大概買兩、三千元左右的額度，輪流買「元大高股息（0056）、國泰永續高股息（00878）、台積電（2330）」，2022 年金融股跌幅不多，暫不加碼。若一次沒辦法買 2,000 元，也可以一次買 500 元，或是十天買一次 2,000 元，根據自身經濟情況調整。

總之，小資也有小資的買法，使用手機 APP 下單又沒人知道我們買多少，千萬不要因為不好意思，而買進超過自己能負荷的金額，這樣投資壓縮到生活費反而本末倒置了！

工作太忙的朋友也可以直接設定期定額，若方便上班撥個 5 分鐘看一下盤的朋友，用這種方式還能享受分批買進的樂趣。只要每個月有薪水閒錢投入，無論漲跌都有源源不絕的資金可買股。

商品	成交日期	交易別	成交價格	成交股數
元大高股息	2022/06/27	普買	28.81	100
國泰永續高股息	2022/06/28	普買	17.12	200
國泰永續高股息	2022/06/29	普買	17.06	100
國泰永續高股息	2022/06/30	普買	16.82	100
元大高股息	2022/06/30	普買	27.59	100
台積電	2022/06/30	普買	479	5
台積電	2022/07/01	普買	461	10

拋磚引玉的對帳單。

💰 時窮節乃現，找出你的眞命天「股」

記得 N 年前去法國，看見當地 LV 包的價格大約是台灣的七折，雖然小車平時沒有揹名牌包的習慣，但總覺得機會難得，不買可惜，於是我在巴黎買了人生中第一個 LV 包。

然而這種撿到便宜的愉悅感並沒有持續很久，因為平日揹著它出門，動作總是小心翼翼，深怕弄髒、弄溼，再加上皮製的材質在存放上，也要時不時留意濕度避免發霉，沒想到買個包會把自己搞得心理壓力這麼大。

因此，那一次的購買經驗讓我撿到了便宜，卻也增加了不少心理負擔。如果時光能倒流，我不會選擇買 LV 包，而是用相同的錢多買幾個自己喜歡、常用的 Longchamp 包，即使撿到的便宜沒有 LV 包多，卻是我真正需要且常用的包。

下跌是檢視持股的好時機

買股也是一樣，股市大幅修正時，恰好適合來檢視自己所有持股在心態上是否都有辦法長抱？哪一類股票抱得令你忐忑不安，哪一類雖然帳面上虧損連連，卻能讓你抱得有底氣，敢勇於加碼的，它就是你的真命天「股」。

成長股如台積電（2330）、元大台灣50（0050）、統一FANG+（00757），以長期趨勢來看確實向上可期，但價格震盪幅度大，且沒有高殖利率股利保底，比較適合觀念穩固且心臟較大顆的投資人。以領息為主的核心持股如金融股、高股息ETF，價格起伏小，上漲程度有限，長期持有年化報酬率的確不如成長股。不過好處是它有每年5％股利保底，無論熊市、牛市都能穩穩將這股利握在手中，不會因震盪而將先前的年化報酬回吐。

存最適合自己的股票才是王道

兩者各有優缺點，端看自己個性適合哪一種，也可以都存再根據自己喜好來調整比例。不必和人爭論孰是孰非，也不用踩低捧高去說服別人來認同自己，畢竟每個人都是獨立的個體，投入資金、價值觀、心理耐受度也不盡相同。適合你的不一定適合他，適合他的或許對你來說不夠好，皆有可能。我們該存的不是績效最好的股票，而是最適合自己、抱起來最安心、開心的股票。

我的Longchamp包，買股跟買包一樣，買你喜歡的，不必爭論。

股災時，之前買到太貴的金融股怎麼辦？

2022 年 3、4 月金融股價格屢創新高，若是這一年才開始存金融股的朋友，經過價格一路修正，多半會遇到一個問題：我買了一堆太貴的金融股該怎麼辦？資金該繼續投入拉低均價？還是要改買其他殖利率較好的高股息 ETF 呢？

以兆豐金（2886）、合庫金（5880）為例，前者 2022 年 4 月攀上 45.4 元，後者 4 月創了 31.5 元的高價。如果初入股市便套在高點的朋友，持有均價這麼高，不趁相對低點買一些拉低均價似乎有點可惜，但應沒有限制地不斷往下買，抑或買到什麼程度該停止？

我們來試算看看各種情況（交易手續費忽略不計）：

看拉低均價的 CP 值高不高

【案例 1】持有 1 張 45 元的兆豐金，2022/09/21 收盤價 34.25 元買進。

原持有 1 張	原始均價 45 元	花費金額	買進後均價	拉低	總共拉低
買進 1 張		約 3.4 萬元	39.6 元	5.4 元	
買進 2 張		約 6.9 萬元	37.8 元	1.8 元	7.2 元
買進 3 張		約 10.3 萬元	36.9 元	0.9 元	8.1 元
買進 4 張		約 13.7 萬元	36.4 元	0.5 元	8.6 元
買進 5 張		約 17.1 萬元	36.04 元	0.36 元	8.96 元

由以上試算可知：持有張數少的話，買進第一張 34.25 元的兆豐金拉低均價效果最好，可拉低 5.4 元。後面每多買進一張，均價拉低效果便不斷對半打折扣。如果是我，頂多買 2 張將均價拉到 37.8 元就會停止，剩下的錢改買其他殖利率高於 5% 的標的。

【案例 2】持有 10 張 45 元的兆豐金，2022/09/21 收盤價 34.25 元買進。

首先，我會檢討自己為什麼會在高點買了 10 張兆豐金？是太容易受市場氛圍煽動？還是基礎概念不清、不懂得將資金「分配」進場？建議先閱讀幾本存股的書，等到觀念、方法都

清楚了再來談買進。通常張數越多，均價越難撼動，初學者應避免一口氣買 5 張、10 張的腦熱行為（除非你的資金很多），以防大量股票套在過高的價位上。

	原始均價	花費金額	買進後均價	拉低	總共拉低
原持有 10 張	45 元				
買進 1 張		約 3.4 萬元	44.02 元	0.98 元	
買進 2 張		約 6.9 萬元	43.2 元	0.82 元	1.8 元
買進 3 張		約 10.3 萬元	42.51 元	0.69 元	2.49 元
買進 4 張		約 13.7 萬元	41.9 元	0.61 元	3.1 元
買進 5 張		約 17.1 萬元	41.41 元	0.49 元	3.59 元
買進 6 張		約 20.6 萬元	40.96 元	0.45 元	4.04 元

由上列試算可知：張數多的均價很難拉低，不過多買進還是有持續降低的效果，建議若多買 1 張均價降不到 0.5 元就先不要買了，因為拉低均價的 CP 值不高。

以上方法分享給高點進場套在山頂的朋友們，買進前不妨先試算一下拉低均價的效果如何？當「均價開始拉不動」、「標的殖利率不夠好」時就該先停買，改存其他殖利率較合理的標的，待日後金融股殖利率回升時再繼續買進。

實戰感想 2022 年大盤修正近 6 千點的心情

　　有句股市諺語說：「新手怕急跌，老手怕盤跌。」新手初入股市，未實際抱股經歷過漲跌，最害怕驟然急跌，例如2020 年新冠肺炎股災，大盤自萬二跌至最低 8,523 點，只花三個多月就跌了快四千點，如此大怒神般速度的跌幅，讓新手容易慌亂拋售，老手卻興奮趕緊加碼。

　　不過，2020 年的新冠肺炎股災跌得快，漲回也快，不到四個月大盤就漲回原點，之後還不斷創新高。因此整體來說2020 年股災像場西北雨，來得快，去得也快，只要稍具財商觀的長期投資者應該都能順利撐過，甚至它從低點漲回的速度太快，許多人根本還來不及加碼就結束了。

　　然而真正磨人的股災是緩跌，一如溼溼黏黏的梅雨季，不打雷閃電、不傾盆大雨，日日僅降毛毛雨，潤物無聲，卻又不知何時結束，如同 2022 年的大盤修正。

　　2022 年大盤自年初最高 18,619 點，緩跌至 10 月最低12,629 點，歷時十個月，共跌約 6 千點，之後即便一路起伏緩步上揚，直到現在（2023 年 12 月），股市仍在一萬七千點，

尚未爬回下跌前的一萬八千點。

坦白說，比起 2020 年的新冠股災，2022 年的大盤修正更令抱股經歷十年的我覺得難熬。下跌時我手上持股的未實現損益，除了持有多年的南亞（1303）、亞泥（1102），以及 2018 ～ 2021 年購入的金融股是紅色外，其他自 2021 年、2022 年才開始購入的成長股和 ETF，如：台積電、00757、0056 未實現損益都是非常淒慘的綠色。其中統一 FANG+（00757）的未實現損益曾最慘達 -30 萬，其次為元大高股息（0056）也有 -24 萬。雖然只要是好標的，緊抱不賣價格終有爬回的一日，但細思其金額對於月薪才幾萬元的上班族來說，也是一筆驚人的數字。

尤其是我的 0056 大部分張數都是從 2022 年初調節漲高的金融股更換過來的，持有均價位於 33 元的相對高點。抱著它們一路跌至 2022 年 6 月的 28 元、10 月的 23.49 元，再爬回 2023 年 4 月的 28 元，直到 6 月 32 元解套（中途逢低加碼均價拉低），攀至 7 月 37.25 元創新高，這一年多來可說是坐了一趟雲霄飛車。

比較 2022 全年大盤及小車持有各類股的表現

	大盤指數	元大高股息 (0056)	國泰永續 高股息 (00878)	兆豐金 (2886)	合庫金 (5880)	華南金 (2880)
最高	18,619 點	34.35 元	19.78 元	45.4 元	31.5 元	25.7 元
最低	12,629 點	23.28 元	15.33 元	28.4 元	23.4 元	19.9 元
跌幅	32.17%	32.2%	22.4%	37.4%	25.7%	22.5%

觀察以上數字我們可以歸納一些結論：

1、00878、合庫金、華南金相對抗跌

2022 年大盤上下震盪近六千點，00878、合庫金、華南金相對抗跌，跌幅分別只有 22.4％、25.7％、22.5％，優於大盤的 32.17％。

2、0056 的跌幅與大盤差不多

0056 的跌幅為 32.2％，大盤跌幅為 32.17％，兩者跌幅差不多，0056 甚至跌得比大盤還多一些。可見高股息 ETF 也不一定具有抗跌優勢，當出現不理性高價時還須斟酌，以免被套牢在高點。

3、兆豐金跌幅高於大盤

至於大眾普遍認為較抗跌的官股金控兆豐金，跌幅竟比大盤還多了 5.23％。可見再穩固的標的，遇到瘋狂高價時還是得拒買，以免股災時陷入跌幅比大盤更深的窘境。

2022 年股災檢討

一、應儲蓄一筆股災加碼金

2020 年股災小車雖然勇敢加碼進場，卻因為加碼資金分配不均，股票一張一張買，沒買多少張加碼金就買完了。後來遇上 2022 年大盤修正，我記取上次教訓，將現金分批以盤中零股方式，輪流買進 0056、00878、台積電、00757。

然而，先前投入存股的多年積蓄數百萬元，已在 2018 年～2021 年分批投入完畢，遇到 2022 年的修正，即使改以零股方式加碼，但手上的加碼現金有限，僅存每月薪水固定投入的 2 ～ 3 萬元，加上當時需要攤平的標的太多，每檔拉低均價的效果有限。

若未來遇到股市過漲，我會將部分股票獲利了結，挪出約 20 ～ 30 萬元放定存作為股災加碼金。不過金額也不宜過多，

萬一股災 5、10 年遲遲不來，留有太多加碼金也會隨時間被通膨侵蝕。

二、避開買進高價才是抗跌的不二法門

　　普遍認為以領息為主的核心持股較大盤抗跌，這個理論在小車持股上只對了一半，00878、合庫金、華南金的跌幅確實遠小於大盤，但兆豐金、0056 跌幅卻超過大盤，可見再好的標的，遇到高價時還是要避免購買。

　　小車金融股多半是 2021 年以前買的，持有均價低，任憑大盤修正近六千點，手中金融股未實現損益始終為紅的，可以安心持有，也是小車股災時信念支撐的力量。

　　至於高股息 ETF，2022 年嘗試買進的 00878，股災抗跌表現不錯。0056 倒是讓我經歷了一次大怒神之後，持股忐忑程度不輸 00757。主因還是在於我從金融股調節換過來的均價（32 元）太高且張數又多，加上可以加碼拉低均價的錢太少。往後即便是調節漲高股票換股，仍須一張張分批慢慢換，即使時間可能要拉長至數個月，也要提醒自己勿躁進，以免再度發生類似一口氣買太多張 0056，導致均價套在高點的情況。

還有不是領股利為主的股票就一定抗跌，避開買進高價才是抗跌的不二法門，即便是優秀如兆豐金、0056，大量買在高點的煎熬也是不少。在買進價格上須嚴謹，或乾脆定期定額買進，長期來看就能買在均價。

股災時的優質股一如湖面氤氳，終有撥雲見日的一天。

攝於 日月潭。

3-3 當存股變飆股，手癢怎麼辦？

　　股票大跌時，容易因為信心不足而慌亂認賠殺出。其實股票大漲也是另一種對存股族定力的考驗，原本打算長期持有的股票，價格突然像吃了猛藥般節節高升，未實現獲利 10％、20％、30％、40％……往上飆時，我們該如何戰勝獲利了結的心魔呢？

大漲時，專注於「股票總資產」，就不會輕易賣出

　　2023 年 12 月拜元大高股息（0056）、國泰永續高股息（00878）、統一 FANG+（00757）大漲所賜，我的股票總市值又重回高點，不僅心情愉悅，連工作起來寬容度也變高了！

不看損益，要看總資產

在大漲時，我不太喜歡看未實現收益金額，因為看了雖有成就感，但在公司狀態正盛的情況下，根本不可能賣出，所以看了也只是徒增煩惱罷了！相對地，我喜歡看「股票總資產」，每當資產又創新高時，我就會把它記錄在手機記事本裡，作為紀念。

為自己設定一個股票總資產目標

建議在存股時，可以為自己的股票總資產設定一個目標，例如 100 萬、500 萬或是 1,000 萬。尤其是 500 萬和 1,000 萬，是一般上班族需要花很多年才能達成的目標，所以一旦股票總資產好不容易突破自己夢想的里程碑時，根本就捨不得輕易賣出獲利了結，讓多年的努力在帳面上瞬間縮水。

長期會穩穩增加

有些人可能會質疑股票總資產達標又如何？隨著股價起伏，過幾天說不定又縮水回去。根據小車自身經驗，股票總資產的確會隨著股價起伏不定，然而隨著投入金額與時間的累積，資產達標的次數會越來越多，最後站穩在設定的目標上。

以設定 500 萬為例，也許一開始因為大漲而僥倖一年達標一次，但隨著時間的推移與資金的持續投入，達標時間會逐漸縮短為半年一次、三個月、一個月……到最後天天達標。

　　從現在開始，大漲時，拋開未實現收益，專注於股票總資產的累積吧！

划向財務自由的彼岸。

攝於 法國雪儂梭堡外。

存股小教室 🔍

何時需要賣股？

2023 年 6、7 月股市開始漲高之餘又帶些小震盪，想必有不少從 2022 年大盤底部撐了許久等到帳面翻紅的朋友，開始猶豫該不該先獲利了結一部分，以免竹籃打水一場空。這篇小車要來分享幾個自己會賣股的時機：

「成長股」，5 種情況可以賣出

關於存成長股，有粉絲朋友曾提問：「台積電（2330）、元大台灣 50（0050）年化報酬率高於核心股，但每年真正領到只有約 2%的股息。股價長期雖會成長，不賣又無法取得資本利得，這樣抱著成長股上上下下看得到、吃不到，有什麼用呢？」

首先，小車承接之前的譬喻，持有成長股就像養豬，小豬長成大豬儘管速度再快，但仍需要時間等待，稍微變重個 1、2 公斤就急於把它給宰了，叫做「短期價差」；等到小豬完全長成大豬再宰，叫做「長期持有取得資本利得」。

我們買進成長股，到底要長期持有至何時該賣出呢？有以下五種情況：

【情況 1】產業發展已趨成熟

當我們持有的成長股其產業「技術研發」與「產能」已完全建置成熟，盈餘分配率提高至七、八成，代表公司沒有進一步技術突破的規畫。此時，若該股的股息殖利率還比不上一般的核心持股，就可以全部賣出轉成核心持股標的。

【情況 2】有資金需求

以前物質條件不夠好的時代，也不是天天都有肉吃，只有在祭祀或喜慶時才會殺雞宰羊。成長股也一樣，倘若遇到人生重要且需要大筆資金的時刻，如婚禮聘金、買房頭期款、房屋裝潢、換車……等，也可以適時將股票換成自己更需要的樣子。

在小車的股票資產配置裡，核心持股佔 60％，成長股佔40％。其中成長股本就是為了賺取資本利得（價差）而存，因此若有須繳買房工程款、裝潢、購入家電……等大筆資金需求時，股市也恰好向上反彈，賣成長股就是我的首選。會以分批的方式慢慢賣，直到賣足需要的資金為止。

【情況 3】漲高換到核心持股或存股災加碼金

　　成長股若無資金需求，我基本上會放著讓資產在股市裡繼續攀升。但若是漲高不獲利了結就會心神不寧的朋友，可以考慮為自己設個停利點，如漲 20％、30％、40％……等，達標後賣出換漲幅相對沒這麼大的「核心持股」，增加現金流。順便留一筆現金定存，如 10 萬、20 萬、30 萬……之類（大戶請略過）作為股災加碼金。不過也不宜留太多，因為股災不知多久來一次，若遲遲等不到股價修正進場，大筆的加碼金便會長期閒置，太過可惜。

【情況 4】屆齡退休需要現金流

　　屆齡退休或每月有現金流需求時，便可將養大的成長股獲利了結，換成殖利率較佳的核心持股，安心靠領股利生活。

【情況 5】公司走下坡

　　所持個股如非大環境因素所造成的獲利衰退，且連兩年都不見起色的話，就須考慮換股。

　　倘若未遇到以上五種情況，不妨先耐心將小豬養著，靜靜等待它長成大豬的一日。

「核心持股」，3種情況考慮了結

2022 年初金融股漲高，再加上 2023 年 7 月元大高股息（0056）、國泰永續高股息（00878）因 AI 成分股而瘋漲，當時許多朋友的核心持股未實現利益，皆都高達 20％、30％，甚至超過 50％了。存股的考驗除了要做到大跌能不動如山之外，大漲能不為所動也是我們該練習的功課。我們買進核心持股，除了抱緊領股利之外，遇到以下三種情況可以考慮賣出：

【情況 1】有資金需求但成長股跌爛

如遇大筆資金需求，但成長股還在底部盤整，賣出會導致虧損時，也只能忍痛選擇改賣金雞母，但這麼做會讓現金流變少，所以是我最不想執行的下下策。若手上備用金足夠，會選擇優先用備用金及薪水去支付資金需求。

【情況 2】公司走下坡

所持有的個股無論成長還是核心，連兩年走下坡就是逃。

【情況 3】漲高可部分調節換股

存股之路不僅無聊且漫長，更困難的地方在於「違反人性」，面對績優股大跌時要忍住不賣，還要勇敢加碼；大漲時要能守住資本利得，不輕易獲利了結變現金。

然而人性若克制得太極端，就會因為過於痛苦而走不長久。我們在面對核心持股大漲時，若未實現利益超過 20％，真的很想賣，可以考慮一小部分「換股」操作。不過持有核心持股的初衷是為了領股利，如果因為股票上漲而全數賣出，便中斷了股利現金流，因此僅設定小部分換股，賣出比例以「**不超過該檔股票張數的 20％**」為原則。調節方式如下：

高股息 ETF 換大盤 ETF

2023 年 7 月高股息 ETF 0056、00878 瘋漲，雙雙創下歷史新高紀錄，面對以「高息」為選股邏輯的 ETF，小車考量其股價成長有其侷限性，因此調節了部分張數換成漲幅相對落後的大盤 ETF（詳見 1-4）。

金融換低檔成長股及高股息 ETF

時間回到 2022 上半年金融股飆升，漲到殖利率只剩 3％、4％時，如果市面上還有殖利率 5％、6％的優質標的，可以考慮賣出部分金融股，轉換至有 5％、6％的標的，能領到較多股利。但若打算將金融換成金融的話，極可能會將優秀的金控換到體質較有疑慮的金控，這樣倒不如一張都不要換。2022 年初的高股息 ETF，如 0056、00878，受到科技成分股影響而導致下跌，價格相對划算。若手上金融股漲福超過 20％，可以考慮換一些到這類型 ETF。

不過，小車設限依然是每檔「不超過自己持有張數的20％」，以持有一檔 XX 金 20 張為例，手癢賣出換股不超過4 張。且賣出換股得來的現金，須「全數換到股票上」，才能守住原有的資本利得。以賣出一張 44.4 元兆豐金（2886）為例，要買進 1.3 張 32.69 元 0056，而不是只買一張 0056，多出的 11,000 元拿去花喔！

賣出金融股所得的資金，除了一部分換高股息 ETF，另一部份我用來分批加碼成長股零股。2022 年的台積電（2330）即使 3 月營收創新高，股價卻慘遭外資提款而修正，連帶大盤ETF 0050 也遭殃。因此平常有存成長股的朋友，當核心持股漲高過熱時，也能選擇變更一些部位到價格相對壓抑的成長股。

但留意別調節得太忘我，投入超過原本設定的比例。
（本次調整檢討詳見後記，P. 191）

友情提醒

1、漲高的高股息 ETF 調節也是一樣道理（詳見 1-5）。
2、僅陳述個人操作想法，無鼓吹購買任何標的之意，請自行判斷。

2022 年 1 月對帳單

成交日期	交割日期	交易類別	證券名稱	股票代碼	股數	單價	成交金額	手續費	代辦交易稅	融資自備款 融券擔保品	融資金額 融券保證金	融券手續費	融資利息 融券利息	標借費	利息代扣稅款	客戶應收(+)付(-)金額
111/01/06	111/01/10	普買	統一FANG+	00757	10	49.43	494	1	0	0	0	0	0	0	0	-495
111/01/06	111/01/10	普買	統一FANG+	00757	90	49.42	4,447	6	0	0	0	0	0	0	0	-4,453
111/01/10	111/01/12	普買	元大高股息	0056	400	33.25	13,300	18	0	0	0	0	0	0	0	-13,318
111/01/10	111/01/12	普買	元大高股息	0056	5,000	33.28	166,400	237	0	0	0	0	0	0	0	-166,637
111/01/10	111/01/12	普買	元大高股息	0056	5,000	33.29	166,450	237	0	0	0	0	0	0	0	-166,687
111/01/10	111/01/12	普買	元大高股息	0056	300	33.29	9,987	14	0	0	0	0	0	0	0	-10,001
111/01/10	111/01/12	普買	華南金	2880	100	21.75	2,175	3	0	0	0	0	0	0	0	-2,178
111/01/10	111/01/12	普賣	兆豐金	2886	5,000	36.1	180,500	257	541	0	0	0	0	0	0	179,702
111/01/10	111/01/12	普賣	兆豐金	2886	5,000	36	180,000	256	540	0	0	0	0	0	0	179,204
111/01/11	111/01/13	普買	華南金	2880	200	22.05	4,410	6	0	0	0	0	0	0	0	-4,416
111/01/11	111/01/13	普買	華南金	2880	1,000	22.15	22,150	31	0	0	0	0	0	0	0	-22,181
111/01/11	111/01/13	普買	華南金	2880	400	22.15	8,860	12	0	0	0	0	0	0	0	-8,872
111/01/11	111/01/13	普買	華南金	2880	1,000	22.2	22,200	31	0	0	0	0	0	0	0	-22,231
111/01/11	111/01/13	普賣	合庫金	5880	1,000	26.85	26,850	38	80	0	0	0	0	0	0	26,732
111/01/11	111/01/13	普賣	合庫金	5880	1,000	26.85	26,850	38	80	0	0	0	0	0	0	26,732
111/01/13	111/01/17	普買	元大高股息	0056	100	33.22	3,322	4	0	0	0	0	0	0	0	-3,326
111/01/25	111/01/27	普買	元大高股息	0056	100	32.44	3,244	4	0	0	0	0	0	0	0	-3,248
111/01/25	111/01/27	普買	統一FANG+	00757	50	44.87	2,243	3	0	0	0	0	0	0	0	-2,246
111/01/26	111/01/28	普買	元大高股息	0056	100	32.41	3,241	4	0	0	0	0	0	0	0	-3,245
111/01/26	111/01/28	普買	統一FANG+	00757	50	43.87	2,193	3	0	0	0	0	0	0	0	-2,196
本期合計：							907,068	1,276	1,241							-81,185

Top

2022 年 4 月對帳單

成交日期	交割日期	交易類別	證券名稱	股票代碼	股數	單價	成交金額	手續費	代徵交易稅	融資自備款/融券擔保品	融資金額/融券保證金	融券手續費	融資利息/融券利息	標借費	利息代扣稅款	客戶應收(+)/付(-)金額
111/04/01	111/04/07	普買	元大高股息	0056	100	33.44	3344	4	0	0	0	0	0	0	0	-3348
111/04/06	111/04/08	普買	元大高股息	0056	500	33.41	16705	23	0	0	0	0	0	0	0	-16728
111/04/06	111/04/08	普買	元大高股息	0056	1000	33.36	33360	47	0	0	0	0	0	0	0	-33407
111/04/06	111/04/08	普買	台積電	2330	2	579	1158	1	0	0	0	0	0	0	0	-1159
111/04/06	111/04/08	普買	台積電	2330	3	580	1740	2	0	0	0	0	0	0	0	-1742
111/04/06	111/04/08	普賣	玉山金	2884	1000	33.7	33700	48	101	0	0	0	0	0	0	33551
111/04/06	111/04/08	普賣	玉山金	2884	500	33.65	16825	23	50	0	0	0	0	0	0	16752
111/04/07	111/04/11	普買	元大高股息	0056	100	33.32	3332	4	0	0	0	0	0	0	0	-3336
111/04/07	111/04/11	普買	元大高股息	0056	50	33.15	1657	2	0	0	0	0	0	0	0	-1659
111/04/08	111/04/12	普買	台積電	2330	5	569	2845	4	0	0	0	0	0	0	0	-2849
111/04/11	111/04/13	普買	元大高股息	0056	2000	32.81	65620	93	0	0	0	0	0	0	0	-65713
111/04/11	111/04/13	普買	元大高股息	0056	2000	32.82	65640	93	0	0	0	0	0	0	0	-65733
111/04/11	111/04/13	普買	元大高股息	0056	50	32.87	1643	2	0	0	0	0	0	0	0	-1645
111/04/11	111/04/13	普買	元大高股息	0056	1000	32.82	32820	46	0	0	0	0	0	0	0	-32866
111/04/11	111/04/13	普買	元大高股息	0056	2000	32.78	65560	93	0	0	0	0	0	0	0	-65653
111/04/11	111/04/13	普買	元大高股息	0056	1000	32.76	32760	46	0	0	0	0	0	0	0	-32806
111/04/11	111/04/13	普買	元大高股息	0056	1000	32.8	32800	46	0	0	0	0	0	0	0	-32846
111/04/11	111/04/13	普買	元大高股息	0056	1000	32.82	32820	46	0	0	0	0	0	0	0	-32866
111/04/11	111/04/13	普買	元大高股息	0056	1000	32.83	32830	46	0	0	0	0	0	0	0	-32876
111/04/11	111/04/13	普買	元大高股息	0056	1000	32.84	32840	46	0	0	0	0	0	0	0	-32886
111/04/11	111/04/13	普買	元大高股息	0056	2000	32.86	65720	93	0	0	0	0	0	0	0	-65813
111/04/11	111/04/13	普買	元大高股息	0056	500	32.88	16440	23	0	0	0	0	0	0	0	-16463
111/04/11	111/04/13	普買	台積電	2330	10	561	5610	7	0	0	0	0	0	0	0	-5617
111/04/11	111/04/13	普買	台積電	2330	5	563	2815	4	0	0	0	0	0	0	0	-2819
111/04/11	111/04/13	普賣	兆豐金	2886	1000	44.4	44400	63	133	0	0	0	0	0	0	44204
111/04/11	111/04/13	普賣	兆豐金	2886	1000	44.2	44200	62	132	0	0	0	0	0	0	44006
111/04/11	111/04/13	普賣	兆豐金	2886	1000	44.45	44450	63	133	0	0	0	0	0	0	44254
111/04/11	111/04/13	普賣	兆豐金	2886	1000	44.4	44400	63	133	0	0	0	0	0	0	44204
111/04/11	111/04/13	普賣	合庫金	5880	1000	30.55	30550	43	91	0	0	0	0	0	0	30416
111/04/11	111/04/13	普賣	合庫金	5880	1000	30.6	30600	43	91	0	0	0	0	0	0	30466
111/04/11	111/04/13	普賣	合庫金	5880	1000	30.6	30600	43	91	0	0	0	0	0	0	30466
111/04/11	111/04/13	普賣	合庫金	5880	1000	30.7	30700	43	92	0	0	0	0	0	0	30565
111/04/11	111/04/13	普賣	合庫金	5880	1000	30.7	30700	43	92	0	0	0	0	0	0	30565
111/04/11	111/04/13	普賣	合庫金	5880	1000	30.7	30700	43	92	0	0	0	0	0	0	30565
111/04/11	111/04/13	普賣	合庫金	5880	1000	30.6	30600	43	91	0	0	0	0	0	0	30466
111/04/11	111/04/13	普賣	合庫金	5880	2000	30.55	61100	87	183	0	0	0	0	0	0	60830
111/04/11	111/04/13	普賣	合庫金	5880	1000	30.6	30600	43	91	0	0	0	0	0	0	30466
111/04/15	111/04/19	普買	國泰永續高股息	00878	200	19.1	3820	5	0	0	0	0	0	0	0	-3825
111/04/18	111/04/20	普買	國泰永續高股息	00878	100	18.9	1890	2	0	0	0	0	0	0	0	-1892
111/04/20	111/04/22	普買	統一FANG+	00757	100	42.49	4249	6	0	0	0	0	0	0	0	-4255
111/04/21	111/04/25	普買	統一FANG+	00757	50	41.48	2074	2	0	0	0	0	0	0	0	-2076
111/04/22	111/04/26	普買	統一FANG+	00757	50	39.77	1988	2	0	0	0	0	0	0	0	-1990
111/04/25	111/04/27	普買	富邦NASDAQ	00662	50	50.45	2522	3	0	0	0	0	0	0	0	-2525
111/04/25	111/04/27	普買	台積電	2330	5	549	2745	3	0	0	0	0	0	0	0	-2748
111/04/26	111/04/28	普買	台積電	2330	2	547	1094	1	0	0	0	0	0	0	0	-1095
111/04/27	111/04/29	普買	統一FANG+	00757	50	37.85	1892	2	0	0	0	0	0	0	0	-1894
111/04/27	111/04/29	普買	台積電	2330	3	533	1599	2	0	0	0	0	0	0	0	-1601
本期合計：							1108057	1552	1596							-42955

後　記

　　現在我們來回顧一下小車在2022年1月與4月調節部分兆豐金、合庫金、玉山金換成0056的操作是否明智？

① 2022年1月換股

　　賣出10張36元的兆豐金，換回10.7張價格約33元的0056，以2023年9月8日收盤價來看，兆豐金36.1元、0056為35.42元，這樣換股多了0.7張0056，且0056的價格也與兆豐金越拉越近，現在看來算是微幅成功。

　　不過0056的價格起伏大，2022年一度跌至23.28元，以低點價格來看的話，這次操作變得不划算。因此核心換核心，不能只看換股後能增加的股利，還要看另一檔核心持股價格是否處於低檔？像小車這次賣兆豐金換成0056的買進價格偏高，往後賣股得來的現金應該分批買進，避免均價套在高點。

② 2022年4月換股

　　至於2022年4月賣出1.5張約33.7元的玉山金、4張約44.4元的兆豐金、10張約30.7元的合庫金，換回14.5張價格約32.7元的0056以及一些台積電與00757零股，這次的換股操作算是相當成功，順利將這三檔金融股停利在幾乎最高點，但買進0056的價格依然太高，往後換股時分批買進勝率會更高。

　　由上可知，股票價格瘋漲時要把握時機調節，但賣出後除非要換的標的價格處於低檔，否則一律分批買進，不著急一口氣換過去，避免均價套在高點。

3-4 存股實戰補充包：關於年配、季配、繳稅、抽股與借券

本小節想來補充一些存股的進階知識。讀過我的上一本書，現已踏上存股之路的朋友，經過一段日子的累積與持有，或許也會遇到不少問題。

比方說⋯⋯

年配息與季配息孰優孰劣？

開了新的證券戶，為什麼舊戶頭的股利也跟著匯進新帳戶了？

隨著股利收入增加，會不會反而讓繳稅變得不划算？

閒置在庫存的核心持股如何出借賺外快？

自己喜愛的股票辦理增資抽籤要如何參加？⋯⋯

這些疑問，小車將於這一節來回答大家。

存股小教室 🔍

季配息與年配息的優劣比較

　　小車的持股以年配息的個股居多，如合庫金、華南金、兆豐金、亞泥、南亞……等，季配息也有台積電、0056、00878。根據自己這幾年累積的領息經驗，比較兩者的優劣如下：

季配息的優缺點
▦ 優點

1、配息次數多，動機增強也多

　　季配息一年有四次的領息機會，等於每三個月就能領一次股息，不必像年配息要苦等一年才盼到股息進帳。這對於新手以及較沒耐性的投資者來說，有較多次增強動力的機會。

2、免健保補充保費的上限額度大

　　當股利金額滿 2 萬元，則須繳股利的 2.11％作為健保補充保費。由於這項規定以「次」為單位，不計全年累積，季配息單次領取金額少，所以免繳補充保費的張數比年配息多。

　　以台積電（2330）為例，其 2018 年以前是年配息，2019年之後才改為季配息，假設一年同樣每股都配 10 元的情況，

來比較年配息與季配息的差別：

① 年配息，一年配 10 元。

20,000 元（健保費繳交門檻）÷ 10 元 = 2,000 股

→持「2 張以上」就要繳健保補充保費。

② 季配息，一年配 10 元，拆成一季 2.5 元。

20,000 元（健保費繳交門檻）÷ 2.5 元 = 8,000 股

→持「8 張以上」才要繳健保補充保費，大大提升了免繳
　空間。

　　此外，ETF 配息明細中，只有「境內股利收入」項目滿 2 萬元才須繳健保補充保費，所以 ETF 又是季配息的標的，可以容納的免繳健保補充保費的張數會更多。

3、既能加快複利速度，又能做到強迫自己分散投資

　　年配息通常在 7 ～ 9 月各家公司除息旺季才能領到全年股息，股利再投入買股也須等到後半年才能開始。季配息的好處是前半年先領到兩季的股利，可以提早買進累積股數。且季配息將一年股利分成四份給付，對於不懂得分批進場的投資人而言，有強迫分散買進的好處。

⊞ 缺點

1、匯費扣四次

一次匯費 10 元，年配息一年就 10 元，但季配息一年四次就要 40 元，因此持有季配息標的股數太少的話，扣四次匯費會不太划算。

2、金額少較無感，容易被忽略

有在存股的朋友都知道，股利現金流要「大」才會有感。同樣的配息金額，年配息一次領一萬與季配息一次領2,500 元，兩者相較起來季配息的 2,500 元存在感較低。加上太少的金額不僅買進股數有限，也很容易被草率地花掉，如吃個大餐或買件衣服就沒了……。

3、要留意四次除息日及入帳日

每次配息都要留意「除息日」與「股息入帳日」，才能根據除息日前的持有股數計算股利，以及確認股息是否入帳。年配息一年只需要留意一次，不過同樣的事情季配息一年要做四次，持有兩檔季配息股票就是一年八次，工作量比年配息多出不少（但什麼都不管股息也會自動入帳啦！）。而且紙本股利通知單太多張容易亂丟，想要完整保存配息紀錄不易。

年配息的優缺點

▦ 優點

1、一次全拿金額大，較有感

　　當初就是因為 2017 年南亞（1303）獲利大爆發，股利幾乎等於年收入的三分之一，才引領小車踏上存股之路。所以股利金額要「大」才會有感，進而有動力與信心持續加大本金投入。因此，同樣的配息金額，年配息一次領 10 萬與季配息一次領 2.5 萬元，兩者有感的威力是不同的。

2、除息日開盤價折扣較有感

　　除息日當天的開盤價是前一天收盤價再扣掉股利，以年配息的 0056 為例（目前已改為季配），2022 年配 2.1 元，扣除 2.1 元後除息日的開盤價為 23.74 元，是相當有感的便宜價。然而季配息的 00878，一季約配 0.28 ～ 0.3 元，扣除股利的開盤價差別不大，所以除息日也撿不到什麼便宜。

3、省事

　　年配息一年匯費只扣一次、只須記一次除息日及入帳日，簡單省事。

缺點

1、等到望穿秋水

年配息雖然金額較有感，但次數少且等待時間漫長，常常令人等到望眼欲穿，考驗存股族耐性。

2、免健保補充保費的上限額度小

如前述，季配息的優點就是年配息的缺點，同樣的台積電一年配 10 元，年配息持有「2 張以上」台積電就要繳健保補充保費，而季配息則持有「8 張以上」台積電才需要繳。

3、股息分散投入須靠自制力

若對金錢控制力較差的朋友，或是不太會分配金額買進的投資者，面對年配息一次大筆金額進帳（假設有一大筆），在資金分配上須仰賴高度自制力。

友情提醒

年配、季配各有優缺點，只能當成加分項目，關鍵仍在於「**標的**」與「**價格**」。

存股小教室 🔍

領股利會讓繳稅不划算嗎？

　　許多薪資達到一定程度的朋友，心中常有疑慮：若薪資加上股利收入導致納稅跨到下一個級距，會不會反而讓自己繳的錢比賺的還多？其實，只要總收入在級距20％以內，收入和股利合併報稅都會比較划算；若達30％以上，則股利與收入分開計算較有利，股利扣除28％會比合併繳30％好一些。

納稅各級距的年收入淨所得範圍：

　　5％，年收入淨所得 56 萬以下

　　12％，年收入淨所得 56 萬～ 126 萬

　　20％，年收入淨所得 126 萬～ 252 萬

　　30％，年收入淨所得 252 萬～ 472 萬

　　40％，年收入淨所得 472 萬以上

　　納稅金額的計算方式，是「總收入」扣除「所有優惠的扣除額」後，再來看落點「決定級距」，並套用公式計算出金額。在不討論撫養父母或年幼子女（優惠更多）的前提下，上班族都會有免稅額「9.2 萬」、標準扣除額「12.4 萬」和薪資扣除額「20.7 萬」的優待，因此每位上班族總收入有基本盤「42.3

萬」可扣除。

舉例來說，假設 A 君薪資收入 54 萬，股利收入 20 萬，
總收入為 74 萬元。
74 萬—42.3 萬（免稅、標準、薪資）＝ 31.7 萬
所以 31.7 萬落點便會在「5％」級距裡。

納稅各級距上限的結界
將 42.3 萬優待的額度加回去，算出各級距上限：
5％，總收入（薪資＋股利）不超過 98.3 萬
12％，總收入（薪資＋股利）不超過 168.3 萬
20％，總收入（薪資＋股利）不超過 294.3 萬
30％，收入、股利請分開申報

超過眞的會繳很多錢嗎？
各級繳交金額計算公式如下。
5％：（總收入—優惠扣除額）×5％—0
12％：（總收入—優惠扣除額）×12％—39,200
20％：（總收入—優惠扣除額）×20％—140,000

以 12％跨到 20％為例，比較阿花總收入 168.3 萬（12％）
和 169.3 萬（20％）所要繳的稅：

$$（168.3 \text{ 萬}—42.3 \text{ 萬}）\times 12\%—39{,}200 = 112{,}000$$
$$（169.3 \text{ 萬}—42.3 \text{ 萬}）\times 20\%—140{,}000 = 114{,}000 \text{ 元}$$
$$114{,}000—112{,}000 = 2{,}000 \text{ 元}$$

　　即便阿花很衰納稅級距剛好因些微差距跨到下一級，12％跨到 20％，年收入多 1 萬，稅僅須多繳 2 千元。由此可知繳稅金額大致上還是會符合比例原則，不會產生多賺錢繳完稅反而錢變少的情形。

　　希望透過計算，能解開大家的心結，年收入 294.3 萬以內的朋友，就安心充實本業並存股累積財富吧！

友情提醒

1. 股利的 8.5％還能抵稅，好處多多！
2. 財產部宣布 113 年度（2024）每人免稅額上調到 9.7 萬、標準扣除額調高至 13.1 萬，且課稅級距也會調高，將適用於 114 年（2025）報稅。

存股小教室 🔍

在多間證券買同一檔股票，
股利會匯到哪裡呢？

　　同一人名下不同家證券帳戶買入同一檔股票，在發放股息及配股時，並不會分別匯進多間證券及交割銀行，而是全部集中匯入其中一家證券帳戶及銀行裡。（所以股利超過 2 萬元的健保補充保費也無處可逃）

　　一直以來，小車主要都用華南永昌證券交易，後來為了幫小孩存股，卻又懶得幫孩子開戶，就以自己的名義在元大證券開戶，專門用來存小孩的股票。（之後已經修正做法了，詳見5-2）

　　由於那時兩邊帳戶都有買台積電，有一次季配息的現金竟然改匯到元大證券綁定的銀行。這些錢一直以來都固定匯進華南銀行，想說自己明明沒有辦理變更匯款帳戶，怎麼突然改到元大呢？

　　於是我打電話去台積電的股務代理（中國信託），客服小姐回答會預設「除息日前最後一筆交易的券商」，或「除息日

前新開的證券戶」作為股利匯入帳戶，這才令我恍然大悟帳號改變的原因。因此，若股利有偏好轉入固定帳戶的朋友，記得要在除息日前，確認最後一筆交易必須落在你希望股利匯入的那家券商。

變更匯款帳戶

如想知道股利是否會匯進平日慣用的交割帳戶，有兩張通知單可確認：一為個股才會寄送的「股東會通知書」，二為「股利通知單」，上面皆註明股利即將匯進的帳戶號碼。

若想變更匯款帳戶，可使用個股「股東會通知書」上附的變更匯款資料表格，填寫完後盡快寄給股務代理公司（我是寄掛號），這樣就能趕上當年的股利發放！因此第一次買進該檔股票，收到股東會通知書，即便不發贈品也別急著丟垃圾桶，記得先確認一下匯款帳號喔！

至於 ETF，不用召開股東會，就沒有「股東會通知書」，而是直接寄「收益分配通知書」，所以少了一個提早檢視匯款帳號的機會。通常是第一次收到「收益分配通知書」時，才會發現匯款帳號非平日常用帳戶。要自己登入投信網站或掃通知書上的 QR code，下載申請表格後填寫送回。不過當次股利匯款就來不及了，要等到下次發放股利時，才會匯進變更後的帳戶。

小車持有的個股中，大部分的股東會通知單或股利通知書背面，都有附變更匯款帳戶表格，只有台積電沒有，須電洽股務代理；ETF 方面，國泰、元大、富邦這三家發行的收益分配通知書都沒有表格，須按照上面說明線上申辦，或下載表格書寫寄回，亦可電洽服務專線。

個股問題要問股務代理

　　個股有關「股息、配股入帳、更改匯入帳號」的問題，要詢問該檔股票的「股務代理」，而非自身帳戶的所屬券商。每檔股票的股務代理都不太一樣，我們只要看股利通知單（下圖框起處），便可得知股代及聯絡方式。如：台積電的股代是「中國信託」、兆豐金的股代是「元大證券」，至於 ETF 的股代比較簡單，就是該檔 ETF 的發行公司。

股利通知單，留意每家股票的股務代理不同

存股小教室 🔍

抽股票

　　很多新手朋友不太清楚何為抽股票？簡單來說就是上市公司要「增資」或興櫃公司要「上市」時會發行股票，根據「股權分散」的法規，必須提出一定比率的股數給大眾公開申購。當市價與申購的承銷價有價差時，就會吸引眾多股民登記申購，基於公平原則，由證交所的電腦隨機抽出申購人，也就是所謂的「抽股票」。

抽股票流程

　　整個流程約一週左右，所以你準備好要抽股票的錢，大約要綁在券商那裡一星期，若無其他閒錢，這一週的等待期便無資金買其他股票了。

抽中股票可以選擇立即賣出賺價差，也可以留著存股。由於從中籤到股票真正入帳日中間相差約 8 ～ 11 天，以每日價格起伏小的金融股來說，在進帳日賣出賺價差應該是不難（如玉山金 5.3 元的價差）；若是其他每日價格起伏較大的股票，一個多星期內遇到變數的機率較大，可能造成中籤反被套牢的結果。因此，小車還是會選擇自己熟悉的股票才抽，即便中籤套牢也不會太焦慮。

以抽玉山金為例

　　今舉 2023 年 4 月玉山金（2884）增資抽籤為例，各檔股票抽籤實際日期可至股票 APP「申購專區」查詢。

　📌申購日期（可報名日期）：2023/4/18 ～ 2023/4/20
　📌預扣款日期：2023/4/21
　📌預扣款：40,070 元（放在交割銀行裡等待券商扣款）

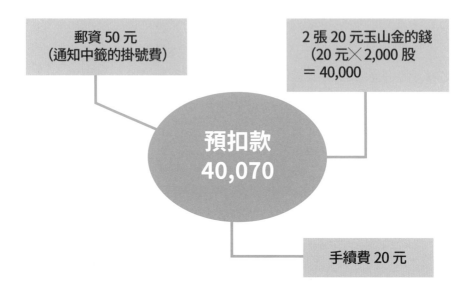

郵資 50 元
（通知中籤的掛號費）

2 張 20 元玉山金的錢
（20 元×2,000 股
＝ 40,000

預扣款
40,070

手續費 20 元

　　若中籤，40,070 元不會退還給你，但證券戶會得到 2 張玉山金股票；若沒抽中，除了 20 元手續費，其餘 40,050 元會退回你的帳戶，也就是花 20 元玩一次抽抽樂的概念。

📌 抽籤日：2023/4/24（去 App 查看中籤與否）
📌 還款日：2023/4/25（沒中的退款日）
📌 撥券日：2023/5/03（有中的撥券日）

　　收到股票當天，就能在交易時間內賣出了，給想抽股票的朋友參考一下喔！

存股小教室 🔍

借券初體驗

　　之前有不少粉絲朋友詢問借券一事，小車雖有開戶並委託借券，卻從未成功借出過，因此遲遲無法與大家分享相關經驗。直到 2022 年 12 月 16 日，我的元大高股息（0056）終於成功借出了，且一路借到 2023 年 3 月 3 日還券，算是完整經歷一次借券體驗，本篇就來分享關於借券的小知識以及細節流程。

借券需要開戶

　　只要本國人年滿 20 歲且開立證券戶 3 個月以上，就擁有借券資格。不過我們除了持有股票的「證券戶」，還需要另外再開「雙向借券」的帳戶，現在大部分的證券公司都可以使用線上開戶，非常方便。每家公司申請的方式不一，建議可詢問所屬證券的營業員。（小提醒：並非每間證券行都有借券服務，如果之後想用借券功能，開戶前要先確認）

　　以華南永昌證券為例，搜尋並下載「好神 e 櫃台」APP，點「雙向借券」項目，就有引導顧客線上開戶的功能，跟著APP 步驟就可以申辦，約 2、3 個工作天即可完成開戶。

完成開戶申請後，要將自己欲出借的股票設定「委託出借」，設定內容包括：

1、張數

選擇自己願意借出的張數。

2、出借利率（％）

填入自己心中可接受的年利率，最高不超過 20％。利率越低越容易借出，但太低可能扣掉券商手續費後也拿不回多少錢，設定太高又不容易借出。建議先前往「臺灣證券交易所網頁」查詢該檔股票出借成交的利率，設定上才不會偏離行情太多。

證交所借券資訊
https://www.twse.com.tw/zh/page/trading/SBL/t1
3sa710.html

3、提前還券約定

包含股東會、除權除息、現金增資這三項，如果遇到以上情況需要借券人提前還券則選「是」，不需要則選「否」，通

常為了讓自己的股票更容易借出，三項都會選擇「否」。

4、提前還券通知選項

意思是若出借人有提前還券需求時，須於幾天前通知借券人還券？選項有「三日、五日、十日」這三種，選擇「三日」召回股票的速度會比較快。

完成以上設定後送出，就可以靜待佳音囉！

實際借出舉例：0056

小車雙向借券開戶約半年，可能是因為借出利率設定偏高，加上降到 0.1％或 0.2％又覺得借出獲利太少，不如不借，所以一直無法成功借出股票。

2022 年 12 月 16 日白天我接到華南永昌證券營業員的電話，說有人提出 1％的年利率要借 0056，詢問是否有意願出借？（其實也忘了當初自己設定幾％）我當然二話不說立刻答應。之後回去看證券 APP 庫存，果然出借的股票張數消失，只剩零股，而均價也變成「零股買進的均價」，而非所有庫存的持股均價。因此奉勸打算之後出借股票的朋友，最好每過一陣子就記錄一下自己各檔的「持有均價」，以防股票突然出借後 APP 均價便無法參考。

這也是我一直沒有很積極想調降利率出借的原因，因為 APP 直接計算持股均價很方便，一旦借出後該檔呈現的均價，就不是自己真正的持有均價，且往後買進該檔股票都必須透過手動計算均價，不太方便。因此除非利率可接受，否則實在不想為了幾百元的獲利而弄亂自己的 APP 均價。

借券收入計算

> **借券收入＝借出股數×每日收盤價×成交費率×借出日數 ÷365**

假設借出 37 張 0056，收盤價約 25 元（每日浮動，僅能抓個大概），年利率 1%，時間半年。

借券收入：37,000 × 25 × 1% × 182 ÷ 365 ＝ 4,612 元
券商手續費：每家券商規定比例不一，華南證券是借券收入的 20%，也就是 4,612 × 20% ＝ 922 元
最終出借人收入：4,612－922 ＝ 3,690 元

（若超過 2 萬元還要再扣 10% 所得稅，但不用扣健保補充保費）

其他常見疑問整理：

① 股票隨時可召回，不過需要 1 ～ 3 個工作天。

② 出借期間無法領股東贈品。

③ 出借可以領股利，由券商補償匯進帳戶，非股票公司
　　發放。

④ 如遇公司增資，新股認購權益不受影響。

⑤ 出借股數不會出現在證券戶裡，不過雙向借券帳戶會
　　顯示。

後　記

　　結果對方借了78天，我共賺進1,620元，老實說比想像中的多。將閒置的股票借出順便賺個外快是不錯，缺點是還券時，系統會將所有外借張數的持有均價，設定爲還券那天的價格，APP裡之前該檔股票買進的交易明細、未實現損益通通不見。

　　若想檢視過去買賣的交易日期、價格、股數，只能逐一查詢歷史對帳單，相當不方便。或許一檔外借一次亂掉後就直接放棄，索性就一直外借。因此建議打算將持股出借的讀者，平日就要將買賣股票的交易明細記錄或備份下來，不能完全依賴APP。

　　此外，股票外借時也無法賣出，小車的0056外借期間2022年12月～2023年3月，當時0056價格還未起漲，尚不會有想賣出的困擾。倘若漲至2023年7月底的36、37元，就會陷入是否要將借券召回的天人交戰之中，所以平日可將漲高時規畫調節的張數保留，僅設定無論漲跌都不會賣的張數外借。

借券明細

還券明細

股票代號	0056 元大高股息
原出借日期	2022/12/16
原出借張數	37
出借費率%	1.0
還券日期	2023/03/03
還券張數	37
收入	2024
手續費	404
代扣所得稅	0
淨收入	1620
入帳日	2023/03/06

04
CHAPTER

存股小語：
慢慢來，卻得到更多

本章重點

隨著存股時間日增，考驗也隨之而來。當你感到自己被投機之心蠱惑時，讓小車的存股小語來陪你度過每個躁進的時刻吧！

前面三章了解存股的基礎知識、標的挑選、股票配置以及買進方式之後，希望讀者已能開始買進並累積張數。然而，隨著抱股的時間拉長，考驗也日增，能不能長時間持續買進與持有，除了源源不絕的資金購買力，「投資心態」正是陪伴我們通往成功彼岸的關鍵。

　　亞馬遜創始人暨董事長貝佐斯（Jeff Bezos）曾經問巴菲特：「你的投資理念與方法都非常簡單，就是買進指數和好公司，然後就放著不動，讓時間幫投資人獲利，但為什麼大家都不聽？」

　　巴菲特回答：「因為很少人願意慢慢變有錢，多數人都只想要快速獲利。」

　　這段對話揭示了投資市場上「**慢慢來，比較快**」的真理。多數人急於求成，成日於股市裡殺進殺出，耗費了大量時間、心神、金錢，或許成效還比不上純粹買進並持有好公司與 ETF，靜靜等待複利發酵。一

如種樹，種子入土需要時間生根、萌芽、成長、茁壯，最後才能結實纍纍，一味求快反而只會揠苗助長、得不償失。金城武有句廣告名言：「世界越快，心則慢」，我們不妨勉勵自己「他人越快，我則慢」，避開一窩瘋急於求成的心態，不僅有助於我們遠離投資陷阱，還能成功取得長期合理報酬。

　　存股要有成，在投資心態上小車認為須有一心與三力：分批投入的「**耐心**」、漲跌無改的「**定力**」，以及持續買進與持有的「**毅力**」與「**實踐力**」，方能助我們平心靜氣、自信而堅定地邁向財務自由的人生。

4-1 投資急不得——談存股耐心，起伏無動於衷

　　臉書（Facebook）上存股社團各種現象有如一部股海現形記，股市大漲時討論存股的文章每日絡繹不絕，市場樂觀的氣氛彷彿將手上資金馬上投入任一股票，20年後人人都可以財富自由；相反的，當市場持續長時間緩跌，多數人的反應從一開始的興奮加碼，買到中間懷疑人生，最終禁不起壓力認賠殺出。而此時社團也猶如時間靜止一般，兩三天都不見一篇討論文章，悲觀的氛圍彷彿存股是這世上最愚蠢的投資。

　　在「樂觀中貿進，悲觀裡止步」是一般人在股市常犯的毛病，本節要來分享面對漲跌時如何才能保有存股耐心，維持安定情緒嚴守紀律繼續前行。

存股小語 ◎

📢 投資的事急不得

　　每當遇到股市連續大漲時，決定要「開始存股」的人就會變多，紛紛私訊小車現在可不可以解定存買股票？遇到市場樂觀氣氛時還是希望大家先冷靜，畢竟都是辛苦賺來的錢，不宜貿進，投資的事很重要但「急不得」。以下有一些小叮嚀想給大漲時想進場的朋友：

一、大筆資金分批投入

　　決定要「開始存股」的朋友，若扣除備用金後無閒錢，可從每個月定期定額開始，倘若決定要解一筆定存或儲蓄險投入股市，切記要「分批投入」。當初小車 2018 年決定將自己工作多年的積蓄投入存股時，也是花了四年分批投完。尤其是一張股票都沒買過的超新手，千萬不要因為一時腦熱，而將所有現金於一年內投完。

　　原因在於新手尚未嘗試完整抱股一整年，也不太清楚自己能否在這樣的起伏之下安然度日。貿然集中一年投入所有積蓄，一旦遇到股市修正，龐大的未實現損失金額可能會讓人寢

食難安，甚至選擇不理性地在低點全部賣出，成為典型韭菜。

再加上每年股市情況不一，也許今年科技大爆發、明年金融大多頭、後年傳產大回溫之類，每年市場主力資金遊走於各類股之間，若將所有資金於同一年單壓一種熱門類股，很可能會面臨持股均價偏高，而在股價修正時又無錢加碼的窘境。

至於標的選擇上，前期可以從價格起伏較小的金融股或高股息 ETF 開始。雖然從股票的歷史回測數據來看，確實是大盤 ETF 報酬率勝過以領息為主的標的，但新手初入股市尚不太瞭解自己對價格起伏的耐受程度，加上長期持有股票的觀念也不足，貿然將資金全數投入大盤 ETF，小車不敢說不會成功，只能說中途認賠殺出的機率是較高的。

投資新手猶如嬰兒在地上爬行，在旁的大人明知跑步比爬行快，為何不會去要求嬰兒用跑的呢？因為我們知道**嬰兒需要時間成長、需要時間學習，等到他有能力跑的時候，再來新增跑步的選項才是最適合的建議。**

二、不要看到新聞標題就去買

2023 年 7 月看見媒體報導「元大高股息（0056）季配 1 元，

年化配息率飆破 12％」的新聞，許多新手朋友紛紛摩拳擦掌準備解定存、儲蓄險投入。小車在此提醒，投資股票前要先讀書、做功課，有了自己的投資思維及判斷能力再進場，不要人云亦云隨之起舞。

我們先來了解一下「0056 季配 1 元，年化配息率飆破 12％」的可信度。以報導當下 33 元左右的市價計算，新聞的算法是季配殖利率 3％（1 ÷33×100％）直接乘以四季，才能得出年化配息率 12％。若要年化配息率 12％必須每季皆配出 1 元，一年共配 4 元才有可能。然而縱觀 0056 上市十多年以來，每年配息介於 0.85 ～ 2.1 元之間，不太可能因年配改季配而打腫臉充胖子，配出超過負荷的金額，且同樣的選股邏輯，年配和季配合併全年配發的總金額應不會有太大差距。

0056 配息模式，可能是循著前一年 00713 年配改季配的路線，於 2023 年 Q3（7 月）、Q4（11 月）各配 1 元，將 2023 年的息配完。2024 年 Q1 才開始是 0056 真正季配息應有的金額，所以年化配息率估 6％（2 ÷33×100％）較合理，不過仍大勝定存的 1％。（註：0056 後來 Q4 配 1.2 元，2023 全年共配 2.2 元，符合預期）

三、殖利率之外也須考慮買進價格

　　許多新手朋友看見殖利率 6％ 大勝定存 1％，便按捺不住想解定存 all in，手上大筆閒錢深怕晚一點投入就虧大了。不過，再優秀的高股息 ETF，除了要考慮其殖利率外，也要考慮「買進價格」。

　　以人氣最高的兩大高股息 ETF 元大高股息（0056）、國泰永續高股息（00878）為例，在小車撰寫本文當下 2023 年 10 月 6 日的收盤價依序為 35.79 元、20.75 元，兩者皆位於當年相對高點。倘若現在一次投入所有資金，分別賺得了年約 6.1％、5.6％ 的配息 2.2、1.17 元，但同時也讓持有均價套在了山頂。

　　往後如果這兩檔的價格分別修正至 23.28 元、15.33 元（2022 年的低點），其未實現損失的價差，等於要各賠 12.51 元、5.42 元，豈不是賺了股息賠了價差？既然如此，難道遇到高點就不買股票了嗎？答案是可以買，但買進原則請維持紀律。

四、維持紀律勿躁進

　　高點買進雖然容易賺股利賠價差，但我們仍須每年維持紀律投入資金（金融股除息後、ETF 每月買）。若是遇到像

2023 年除息後金融股、高股息 ETF 皆貴的情況下，不妨優先考慮漲幅相對沒這麼高的大盤 ETF。

假如不喜歡大盤 ETF，只想買領息為主股票的朋友，遇到股價相對高點，就以定期定額的方式買進。定期定額的好處是，即便不幸買在最高點，但只要持續紀律買進，你的持有均價終究會慢慢往股票的年均價靠攏。這也是為何定期定額常被各方投資達人推薦使用的原因，雖然樸實無華且技術含量低，但確實管用！

高點時仍要維持紀律買進的原因，在於一來股市難以預測高低點，倘若一心以為現在是高點而不買，往後價格一山還有一山高時，便永遠無法累積股數了；如果之後遇到價格向下修正，維持每月買進也能趁機拉低均價，若跌破 10％、15％甚至 20％時能再逢低加碼，效果會更佳。

總之，財富累積要慢慢來，比較快；買股也是慢慢買，比較穩。學會在樂觀中緩步，悲觀中前行，身上的韭味就能越來越淡囉！

📢 想存股，就要有老闆思維

2022 年大盤持續低靡近 10 個月，許多新加入的存股族漸漸耐不住性子，不僅網路上存股社團氣氛冷清，也紛紛出現一些「存股到底是為了賠錢還是為了財務自由？」、「存股變存骨」、「賺了股利賠了價差」……等心態動搖的言論。會有這樣的思維，代表內心並未真正把股票當成資產。由於股票買賣太過方便，且價格透明、數字日日在股市中起伏，一有風吹草動便容易讓人動了買賣的念頭。

存股就是經營一家養雞場

我們不妨試著將存股當作是經營一家養雞場，買進一隻雞可以為我們生出 10 顆蛋，買進十隻雞，就能為我們生出 100 顆蛋。持有越多雞，我們每年就能獲得越多蛋。

一位老闆的思維，應當關心的是如何擴大自己的養雞場？所養的雞隻是否健康？能不能持續為自己生出固定品質與數量的雞蛋？而非整日去賣雞場緊盯雞隻的即時價格，今日慶幸自己買便宜，明日懊惱自己買貴，意義真的不大。不管是買貴還

是買便宜，雞群已經在雞舍裡幫我們生蛋了，難道還要因為買貴了雞而趕緊將雞群認賠殺出嗎？

唯一需要留意雞隻價格的時機，就是當我們又有閒錢可以繼續投入、擴充雞場規模時，才須根據時價逢低分批買進，其餘時間大可安心照顧雞群、檢查牠們有無生病即可，不必鎮日為了浮動的價格而焦慮，甚至嚴重到食不下嚥、睡不安寢。若面對長時間緩跌，無論做什麼事、看什麼書都無法安定你的心，也可以藉此機會檢視自己存股觀念到位了沒？

想存股，你擁有老闆思維了嗎？

📢 忍人所不能忍

輔佐劉邦開創漢朝的謀臣——張良，擁有過人才智的他，再加上獲得坯上老人所贈的《太公兵法》，奇蹟似地一路輔佐原本弱勢的劉邦成就帝王霸業。就在大家好奇這部神奇的《太公兵法》裡到底寫了什麼之時，北宋大文豪蘇軾卻有截然不同的想法，他在〈留侯論〉（留侯即是張良）一文中論述張良之所以能取得成功，其根本原因在於擁有「能忍」這項過人技能，提及張良在坯上得兵書一事，猜測也許書本的內容普普，故意磨練張良耐性才是坯上老人的終極目的。

坯上老人造就張良的「忍」

張良取得兵書的過程十分曲折，同一件事就算放到現代，面對一位素不相識且略顯無禮的老人，願意耐著性子多次赴一位陌生長者之約，實屬不易。故事如下：

一日，張良在橋邊散步，遇到一位白髮長者，老人故意將鞋子丟到橋下，要求張良撿起。張良撿起後，長者竟要求張良幫他穿上，張良敬其年長，便親自幫他穿上。老人很滿意，說他心地善良，樂於助人，請他在五日後破曉時到橋上等他。

五日後張良依約前往，老人已先到，並責備張良晚到無禮，讓他五天後再來。後來張良第五天一大早就至橋上赴約，沒想到張良抵達時，老翁又已經坐在橋上等他了，於是再請他五天後早一點來。

　　又過了五天，張良下定決心一定要比老人早到，於是半夜就在橋上等候，這次終於比老人早到。老先生笑著說：「年輕人應該這樣才對，我先前是故意試探你的胸襟，磨練你的脾氣。」說完從懷裡取出一卷書贈予張良。

　　蘇軾認為劉邦之所以勝利，項羽之所以失敗，其原因就在於「能忍」和「不能忍」的差別而已。項羽因為不能忍，在戰事上固然所向披靡，卻也輕率地耗費戰力；劉邦能忍耐，蓄積他全部精銳部隊的實力，以等待項羽的衰疲，這就是張良教給劉邦「能忍」的成果！

長線投資也需要忍

　　存股何嘗不是如此呢？投資若想維持長久獲利，也須擁有「能忍」這項過人技能。當我們挑好優良標的後，每個人就該發揮自己擅長的「忍功」：有些人擅長「忍」到好價格再出手；有些人擅長在大跌、久跌、帳面未實現損失眾多時，能「忍」住不恐慌殺出，還能耐心持續加碼；還有另一群人擅長遇到大

漲時，不顧日日崩盤流言盈耳，能「忍」住不著急獲利了結，長期持有數十年，甚至將股票當作傳家寶，繼續傳給下一代。當然，平常吃穿用度、娛樂消費也需要「忍耐」節制，金錢不過度用於享樂並能及時投入股市、累積資產也是一種能耐。

持有好股票，若能做到上列任何一項「忍人所不能忍」，相信多年後成果必然豐碩。股市投資除了買賣外，更是長久拉鋸的心理戰，認識自己擅長什麼很重要，現在就開始問問自己適合哪一類的「忍功」並努力做到吧！

友情提醒

僅限優質股，走下坡的公司或選股邏輯有疑慮的ETF請勇敢說再見。

存股小語 ◎

📢 存股總在曖昧中緩步前行

　　本篇輕鬆一點來聊聊的存股與男女情感的相似度。同樣是存股，為什麼上漲抱住會比下跌不賣容易呢？

　　有時候存股如同與一位異性處於曖昧階段，股價上漲，就像感受到對方的好感。股價上漲越多，對方有好感的證據就越明顯，自我認同感也越高。此時感情自己佔了上風，選擇權操之在己，兩人在一起與否只差一句話的距離！這種優勢就和存股遇上持續緩漲一樣，撐個兩、三年不賣是相對容易的。

　　相反的，股價連續下跌就像對一個人一味付出卻始終得不到良善回應，也就是所謂的「曖昧讓人受盡委屈，找不到相愛的證據」（曝露年代的一首歌 XD）。不知道自己未來還要付出多少時間？不知道自己還要耗費多少心力（錢）？對方才能回頭看我一眼，喜歡上自己。此時感情居於下風，選擇權握於他人手中。身陷對方曖昧不明、若即若離的情況，通常持續一、兩個月就會容易讓人心力交瘁，想要快刀斬亂麻。這也是為什麼存股面對下跌，要忍住不賣會比較困難的原因。

因此，不論存股多少年，沒有抱著股票走過空頭，都不算是經歷完整的存股族。幸運的是存股還是比談感情容易些，有的人無論你耗費再多時間、再多心力，不喜歡就是不喜歡，無緣就是無緣，因為感情是無法勉強的。然而一個好的存股標的，只要我們願意持續投入、耐心等待，終有開花結果的一日，這樣想想存股是不是也沒那麼困難呢？

當然，祝福各位感情、財富兩得意是最好的囉！

4-2 弱水三千只取一瓢飲 ——談存股定力， 漲跌波瀾不驚

　　買股容易抱股難，決定買進只需要一瞬間，持有卻是一輩子的考驗。在持有的過程日日對著國際情勢的詭譎多變、多空角力的拉扯對決、財經專家不同角度的預測分析、看好看壞……等，時時刻刻考驗著持股人的定力。

　　此時，截取關鍵訊息的能力顯得重要，能善用媒體取得消息而不被媒體左右，存到懷疑人生時，不妨遠離市場，回歸存股初心，方能還給自己一片澄淨天地。

弱水三千，只取一瓢飲

　　「弱水三千，只取一瓢飲」語出自《紅樓夢》，是賈寶玉向林黛玉表達情意的句子。「弱水三千」比喻在人生長河中，值得心儀的女子眾多，但賈寶玉只願取「一瓢飲」，一生鍾情林黛玉一人。

訊息眾多，只截取關鍵訊息

　　在股市投資，「訊息的截取」亦是如此，面對各種媒體眾多真假難辨的新聞、專家論點，我們只須專注觀察需要知道的消息（如：每季 EPS、有無踩雷虧損、高層換人、公司重大營運或股利政策的變動……等）。現在資訊取得方便快速，但也常常由於內容過多、過雜、有心人士過度詮釋，左右了自己原本買進的初衷。

　　我們生活中多少都有過這樣的經驗：原本要去超市買 A 物品，實際去了超市之後，看見貨架上琳瑯滿目的商品，反而忘了最初目的，最後結帳時購物車裡除了 A 物品外，還多了 B、C、D、E……等一籃子原本不需要的商品。所幸超市物品價格不高，沒做功課亂買，損失也不會太大，若股票投資也像超市購物般亂買，很有可能輕易地讓自己的辛苦錢付諸流水。

常有朋友加入存股社團，原本只是想要取得 A 金控的即時資訊，卻在社團看見其他人談論 B 金控、C 金控獲利多麼好、前景多麼不可限量，便改變心意想存 B、C 金控，但實際上對它們是一知半解的。僅憑社團內成員的推薦就胡亂買進，即便真的是好公司，也會因為對該公司了解不深而抱得焦慮忐忑，又如何能有信心走向 5 年、10 年，甚至 20 年的長期投資呢？

存股是減法投資，心遠地自偏

　　身處紛亂的股票投資市場，我們需要擁有陶淵明的智慧：

　　結廬在人境，而無車馬喧。
　　問君何能爾，心遠地自偏。

　　陶淵明的屋舍位於車水馬龍的喧囂人境，卻不曾聽見車馬的嘈雜聲，為何他能做到如此境界呢？因為「心遠」，心若離塵世，自然不易受外界紛亂撩撥。同樣的，身在投資市場的「人境」，如何做到「心遠」是我認為存股族最該努力修練的境界。

　　談到「心遠」之境，平時越是沒有看盤習慣的人越容易做到。舉我一位大學 A 同學為例，同為中文系的她與原本的小車一樣，工作閒錢只懂得放定存與儲蓄險，後來在我的強力推薦之下也踏上存股之路。

然而她投入的時間適逢 2020 年初，存沒多久就遇上新冠肺炎股災。在投資市場一片哀鴻遍野之際，原本擔心新手入場便遇上大股災的 A 同學，會因為太慌張而急忙出脫股票，於是我打了通電話給 A 同學，想鼓勵她穩住陣腳，有閒錢可以加碼，沒有錢也至少做到不要亂賣優質股。

　　不料，電話那頭 A 同學的回應卻是：「我這陣子工作太忙，都沒空打開 APP 來看耶！現在跌很慘嗎？」很高興自己的擔心是多餘的，也從那次經驗之後，她便成為我們小車夫妻檔一致認定的存股新手界奇才，以這種「心遠」境界存股，想失敗都難。

　　因此，相對於買低賣高，存股是屬於「減法投資」，操作動作越少越好。選定並買進（或設定期定額）核心持股之後，每月只須固定看 EPS 是否平穩即可，除非連續兩年衰退再考慮換股，有錢時再挑選殖利率 5％以上的標的買進。至於成長股，則是關注技術護城河有無持續維持領先優勢。其他時候大可「遠離市場」，專注本業、經營生活。不必鎮日勞心鑽研於利多、利空、買超、賣超、K 線、均線⋯⋯等技術面的資訊，徒增煩惱。

先小隱後大隱

　　所謂「小隱隱於野，大隱隱於市」，境界較小的隱居從與世隔絕做起，將住所搬至原野、深山，藉助周圍的環境使自

己忘卻世事，沉湎於桃源美景。存股新手一開始若做不到摒除市場消息干擾，也可以先從「小隱」開始，為自己打造一個與股票市場隔絕的環境，譬如讓自己忙一點，可以是忙於工作、忙於生活，最好是忙到連看盤時間都沒有的那種，甚至先刪掉APP 都行。只有每月 10 日打開存股社團看個股 EPS，其餘時間完全讓自己抽離，等有錢或規畫買進的時間到了，再打開股市 APP 看盤買股。

至於較高明的「大隱」則是匿於市井之中，身處嘈雜喧鬧之地，心卻遠在九霄雲端之外。存股 3 ～ 5 年的老手，能輕鬆達到這個境界，因為持有均價已經遠低於市價，便容易置身事外，笑看起伏。即使天天看盤也不影響心情，因為 365 天穩定紅色的未實現獲利能讓人無畏震盪，可以更專注地累積張數。

因此，容易受市場下跌影響且銀彈用盡的朋友，從「小隱」開始練習吧！

夏慕尼郊區，遺世而獨立的小村落。

攝於 法國。

📣 漲跌莫忘初衷

但凡遇到大盤修正幅度較大時，就會有不少粉絲朋友私訊小車，字裡行間不難感受到他們的焦慮與徬徨。其實面對帳面上的未實現損失數字持續擴大，會焦慮是人之常情。小車建議不要太認真計算未實現損失的數字，因為無論漲跌，只要不賣出，所有的損益都是「未實現的」。（僅限優質的股票與ETF，劣質標的趁早斷捨離）

標的沒變差就不動

強調損失是「未實現的」並不是要給所有套牢的朋友拿來逃避用的，大家仍須檢視自己的「持有標的」是否能維持穩定獲利？公司組織、政策有無大幅更動之處？只要我們的核心持股仍然符合當初買進領股利的期待，成長股依然維持技術領先、EPS 成長的優勢，即使帳面上虧損，遇到價格修正不僅不必停損反而更適合買進。

蘭生幽谷，不為莫服而不芳；
舟在江海，不為莫乘而不浮。

蘭花生於幽谷，不因人們不採摘而停止芳香；船航行於江海，亦不會因無人搭乘就不浮在水面上。因此，一間好公司是不會受外界好惡而改變本質，也不會因它的價格下跌而影響它原有的價值。挑好股票，篤志力行。核心持股不因漲多而獲利了結（關於調節方式，詳見 3-3），因為我們要的是「年年領股利」；跌深也不因恐懼而胡亂停損，因為我們的目標依然是「年年領股利」。

時局越震盪，越要用心於不交易

> 功蓋三分國，名成八陣圖。
> 江流石不轉，遺恨失吞吳。

杜甫這首〈八陣圖〉歌詠了諸葛亮的豐功偉業，也替他的壯志未酬慨嘆惋惜。詩中「江流石不轉」指的是諸葛亮八陣圖的遺跡即使被夏天洪水衝擊淹沒，陣中的石堆依然能屹立不搖，彷彿呼應著他對蜀漢一統大業的矢志不渝。

其中「江流石不轉」一句也特別適合用來形容存股的心態，任憑股價的激流如何衝擊，市場的輿論如何嘲諷戲謔，旁人如何一一停損離場，心態始終要如這江中之石，不為所動。

只關注公司的基本面、獲利模式、護城河……，持續閒錢投資、不忘初心。不要小看這不動的石頭，表面上看似輕鬆無所作為，實則已用盡全力在抵擋。只要輕輕一放手，就會順著股市的洪流沖到自己意料不到的地方。

時局越動盪，越要用心才能不交易！

美景不會因無人欣賞而減損它的美。

———————
攝於 日月潭。

📢 無用之用，是為大用

　　莊子有句名言：「無用之用，是為大用。」有一次莊子和弟子看見路旁有一棵枝繁葉茂的參天大樹，莊子不禁困惑地詢問旁邊一位伐木師傅：「這麼大一棵樹怎麼一直都沒人砍伐呢？」伐木師傅回答：「這是一種不成材的樹，不能用來做船，也做不了家具，砍下來也沒什麼用處，所以就一直長在路邊上，沒人砍它。」

　　聽完這番話，莊子感慨地說：「這棵樹因為不成材，沒有被人砍伐，所以能苟活至今長成參天之貌，這不是無用的最大的用處嗎？人們都只知道有用之用，卻不知無用之用，真是可惜呀！」

　　有時太過「有用」容易引起注意、陷於危險。所謂：「直木先伐，甘井先竭。」筆直的樹木總是先被砍伐去做屋樑，味道甜美的水井往往先被汲取枯竭。之前提過小車**核心持股**的 5 大選股原則是：

Rule 1 ▶ 穩定配息超過 10 年以上。

Rule 2 ▶ 每年配息落差不要太大。

Rule 3 ▶ 股價波動小，可安心持有。

Rule 4 ▶ 盈餘分配率 70% 以上，公司夠大方
（賺 100 元發給股東 70 元以上）。

Rule 5 ▶ 股息殖利率 5% 以上時買進，累積資本更容易。

其中「股價波動小」就是我心中的「無用之用」，因為每日股價上下波動只有小數點的牛皮股，看似雞肋，往往卻能抱得最久。也會因太無聊而讓人忘了它的存在，減少成為市場炒作目標的機會。

當然，大家都喜歡會漲的股票，小車也不例外，若有看好未來中長期發展的標的，可以配置一些比例到成長股，以待日後賺取資本利得；不過以長久領息為主的核心持股而言，選擇太會漲的股票，容易增加存股難度。

再說太會漲的股票就像太有用的樹木一般，總是時時吸引著我們的目光，眼看它漲了 5 元、10 元、15 元、20 元……便

容易忍不住賣掉，就算一時能忍住不賣，每天心癢癢地天人交戰也是分分鐘考驗存股者耐性。倘若順從欲望賣了股票賺到價差，卻也因為要賺這一次價差而使先前累積的張數歸零，如此不斷累積、歸零、累積、歸零的過程，資產便無法像苟活的無用之樹一般持續成長為大樹。

因此，股價波動小的核心持股，在我們的股票庫存裡平凡而低調地存在著，無論在安心持有或是累積張數上，都有著「無用之大用」的優點喔！

友情提醒

股價波動小僅有助於心境的平和，挑選標的仍須五個條件一起看。

📢 投資也可以兼容並蓄

投資的方法很多，就連存股的流派也各異，有存金融股、存食品股、生活類股、台股、美股、ETF⋯⋯等，我們不必硬要選邊站，只認同某一門派，其他非我族類就極端排斥。也不要因人廢言，不欣賞某人就全盤否定他的言論，這樣其實都是在阻礙自己的成長之路。

常言「文人相輕，自古而然」，自古以來，不僅是文人，同一領域實力相當的兩人也總有瑜亮情結、互相輕視。然而正因為相輕，不去嘗試理解他人的論點，反而錯過了許多獲取好觀念的機會。

《莊子》書中莊子與惠子曾有過一段值得大家深思的小對話：

一日，莊子與惠子出遊，在濠水的一座橋上稍作休息，莊子見河水清澈，環境幽美，令他感到輕鬆快樂，於是當他看見河裡悠游的魚，不禁愉悅地說：「鰷魚在河中悠然擺尾自由自在，這是魚的快樂啊！」

惠子說：「你不是魚，怎麼知道魚是快樂的呢？」

莊子說：「你不是我，怎麼知道我不知魚是快樂的呢？」

惠子說：「我不是你，當然不知道你；你也不是魚，所以也不知道魚。」

莊子說：「請你回到談話的開頭——你問我是怎麼知道魚是快樂的。你這麼問，證明你已經承認我知道魚的快樂，所以我告訴你，我是在濠水岸邊知道魚是快樂的。」

這場辯論最後由莊子鑽了惠子話語的漏洞而占了上風，至於這條魚到底快不快樂，大家永遠不會知道正確答案，因為惠子與莊子都不是「魚」。這個故事也說明了不要總以自己的角度去看待他人，不是當事人就無法替他發言。

百樣人不會只適用於一種投資方式

惠、莊兩人的辯論最終沒有共識，原因在於他們各持不同立場看事情。惠子從理性的角度出發，當然無法體會莊子感性地將個人愉悅之情投射到魚兒上，發出「魚樂」之嘆。投資也是一樣，所謂：「如人飲水，冷暖自知」，人必須親身經歷，才能真切的體會事理，知道自己適合什麼樣的投資方式。

每個人都是獨立的個體，適合 A 的投資方式不一定適合 B，即便 A 的長期報酬高於 B，但 B 使用了 A 的方法後，面

對股市長年低迷盤整，B 的焦慮、食不下嚥，A 卻無法替他承受。同樣一本書，也許 A 看了猶如醍醐灌頂，瞬間理解投資就是長期持有，無論多少年、震盪幅度有多大，只要標的夠分散，就能心無波瀾地抱著回測數據持續買進十幾年；但在 B 的眼裡，可能一開始興致勃勃去執行，歷經定期定額 1 年、2 年、3 年……發現報酬率仍起伏無果，便失去信心認賠殺出，從此對投資緊閉心門，只存定存，這樣對 B 真的有比較好嗎？

投資也可以兼容並蓄

因此，在試探適合自己投資方式的過程中，先別急著設限於單一派別，不妨考慮「**混搭**」的可能性。所謂「泰山不讓土壤，故能成其大；河海不擇細流，故能就其深。」韓非子集法家大成就是兼採「法、術、勢」三派所長，金鏞筆下的郭靖雖天資平庸，後來也是靠著自己勤奮苦練、跳脫門派之別，習得了洪七公的降龍十八掌、周伯通的空明拳、黃藥師的彈指神通，以及九陰真經、王重陽、江南七怪的絕學……等。

所以我們不必在一開始都不了解時就先排斥，應該廣泛性閱讀，去找尋適合自己、能說服自己的投資方式來嘗試，透過做中學的過程不斷修正，進一步理出一套自己的投資邏輯。存個股，也可以兼存 ETF，只要價格殖利率合理或長期趨勢向上就可以買進；存 ETF 相對安心，但若有熟悉又優質的個股，

當然也可以持有。

存核心持股領股利，也可以配置一些成長股，賺取多年後股價成長的資本利得。價值投資在等待獲利爆發的期間，如果熬得很痛苦，也可搭配一些5%股息的核心持股，至少每年可以多一些期待與走下去的動力。投資也可以兼容並蓄，兼採各家所長，不必侷限於一門一派。

能讓自己在市場上待得久就是最好的辦法

一旦建立了一套自己的投資組合之後，便勇敢執行下去吧！也許不是報酬率最好的投資策略，卻是最適合自己的方式。在投資市場就好比於海上衝浪一般，站在衝浪板上當然是最帥、最吸睛，但也較容易跌進海裡；趴在衝浪板上看起來又笨又蠢，卻相對平穩安全。

倘若一開始衝浪便挑戰站立板上，容易因技術不足而導致多次翻覆，只要一次嚴重吃水很有可能從此心生畏懼，餘生只敢在沙灘上觀望不願再試；反之，如能循序漸進，先學趴板，再學站立，是否能讓投資的熱忱延續得更久一點呢？

世界上沒有完美的投資方式，只要能讓自己在投資市場上敢投錢、能賺錢、待得久，就是最好的方式。

4-3 複利就像敲石頭——談存股毅力與實踐力，持續買進

　　存股就是一種習慣的養成，除了要有起伏皆能維持紀律的耐心、不受漲跌干擾的定力，最重要的當然是持續買進的毅力與實踐力。在等待複利效應發酵的漫長過程中，年年月月重複千篇一律的買進與持有，一如所有知識技能精熟前的基本功練習，既無趣又難熬，唯有耐著性子一步步持續踏實累積，才能享受到最甘美的成果。

📢 複利就像敲石頭

關於複利效應，我一直很喜歡暢銷書《原子習慣》（*Atomic Habits*）中作者舉的一個小故事。曾帶領球隊奪下五次 NBA 總冠軍、榮獲三次年度最佳教練的馬刺隊總教練格雷格·波波維奇（Gregg Popovich），在他任內二十幾年來，馬刺隊的球員休息室總是掛著社會改革家雅各·里斯說的一段話：

當一切努力看似無用，我會去看石匠敲打石頭。可能敲了一百下，石頭上連一條裂縫都沒有，但就在第一百零一下，石頭斷裂為兩半。然後我了解到，把石頭劈成兩半的不是最後那一下，而是先前的每一次敲擊。

籃球技術精熟需要苦練，每天持之以恆的練習猶如天天敲擊石頭一般，看似無用，實則每個動作都是在為自己的成功蓄積能量。沒有日日努力不懈的敲擊，也不會有將石頭劈成兩半的最後一下。有意思的是，人們往往只會注意最後一下的精彩，歌頌最後一下的完美，卻很少留意到前面一百下那千篇一律的堅持。

複利也像敲石頭

存股也是一樣，看似平凡的年化報酬率，只要年年鍥而不捨地持續投入，終能盼到結實纍纍的一日。假設每月 2 萬投入存股，以年化報酬率 5% 計算：

1 年本金 24 萬，5% 本利共 25.2 萬，比本金多 1.2 萬

5 年本金 120 萬，複利 5% 約 139 萬，比本金多 19 萬

10 年本金 240 萬，複利 5% 約 317 萬，比本金多 77 萬

15 年本金 360 萬，複利 5% 約 544 萬，比本金多 184 萬

20 年本金 480 萬，複利 5% 約 833 萬，比本金多 353 萬

25 年本金 600 萬，複利 5% 約 1,203 萬，比本金多 603 萬

26 年本金 624 萬，複利 5% 約 1,288 萬，比本金多 664 萬

由上試算可知，5% 獲利第一年只有 1.2 萬元，彷彿剛敲第一下的石頭般，看似無用；後來隨著時間流逝，歷經 10 年、20 年，到了第 25 年時，已能滾出大於本金的獲利 603 萬；再至第 26 年，複利滾出 664 萬，每多滾一年便多出 61 萬的獲利，此時每敲一下石頭，其影響力已是舉足輕重，令人無法忽視。

萬丈高樓平地起，每個看似無用的累積，都是幫助自己更上層樓的基石，與大家共勉之！

📢 一點一滴爲自己的未來蓄積能量

有兩位和尚，分別住在東、西兩個不同山頭，山中的寺廟無水，須每日提著水桶至山腳下的溪邊挑水回去。這兩位和尚天天早晨都會在溪邊相遇，然後各自挑水回去所屬的寺廟，日復一日，年復一年。二人雖無太多交集，不過多年來早都熟悉彼此的存在。

某日早晨，溪邊只來了東和尚，另一位並沒有出現，東和尚擔心西和尚是不是出了什麼意外，辛苦爬上西邊的山頭，一進寺廟，發現西和尚根本沒事，而且還悠哉地在裏面打著太極拳。

東和尚問：「西和尚你今天怎麼沒來山下挑水呢？」

西和尚回：「我不用挑水啦！而且我以後都不會再去山下挑水了！」

東和尚問：「為什麼？難道你都不需要喝水嗎？」

西和尚說：「我每日白天挑完水、誦完經，剩下的

空閒時間就開始挖水井。雖然很辛苦，但我只要一有時間、有體力就多挖一點，如今水井已經挖成了，我就再也不用下山取水，多出來的時間，可以悠哉地打打自己喜歡的太極拳。」

東和尚恍然大悟，卻也只能無奈地繼續挑著水，挑到自己油盡燈枯的一日……

你的財富水井開挖了嗎？

投資理財也是如此，剛出社會，我們都與這兩位和尚一樣，終日為了生活辛勤奔波，表面上職場裡的同事都是努力工作、領人薪水，但實際上或許每個人奔赴的方向不同，有人只著重於眼前的安逸，有人規畫的卻是長遠的未來。若每日能多花一點心思，經營自己的財富，將賺來的辛苦錢放在有相對合理報酬的地方。也許無法讓人一夕致富，但總有水到渠成的一日。

同樣的時間流逝，西和尚運用每日的零碎時間挖掘水井，東和尚卻無所作為，然而這一天一點微不足道的挖掘，都是在為自己的未來蓄積能量。等到時機成熟，水井完成，自然能從職場華麗轉身，過著自己嚮往的生活。

不知道各位朋友的財富水井開始挖了嗎？

📢 要開始才有機會到達

　　小車在出版第一本書時，有兩家媒體的文字訪問上了奇摩新聞，標題大致與「文科女年領股利 20 萬」有關，新聞底下總少不了酸民上來留言刷刷存在感：

　　「月薪四萬 4 年投入本金 338 萬元，怎麼可能？

　　騙人的故事」

　　「重點應該是老爸留下來的股票吧！」

　　「書裡會教大家繼承老爸的股票嗎？」……

　　其實在書中、訪問裡我都有提到：「四年來，陸續將自己多年的積蓄投入存股做實驗」，所以存股的本金是我工作十多年來的積蓄，只是我的做法比較保守，分了四年慢慢買進罷了！

　　至於資產的部分，雖然書中提及受父親股票股利的啟發，不過為了讓 2018 ～ 2021 年這四年我的存股績效更清楚呈現，統計的資產並不包括父親的股票。因此「年領 20 萬股利」或許我們時間會多花一些，但確實是普通上班族努力就可以做到的，先別急著否定。

記得以前國中有篇課文〈為學一首示子姪〉曾提過：「天下事有難易乎？為之，則難者亦易矣；不為，則易者亦難矣！」天下事沒有絕對的難易之分，只要願意去做，再難的事也會變簡單；相對地，不願付諸行動，再簡單的事也會變困難。文中還舉了個小故事：

　　四川偏遠之地有二位和尚，一位窮和尚，一位富和尚。

　　有一日窮和尚跟富和尚說：「我打算要去南海取經，你覺得如何？」
　　富和尚說：「你又沒錢，要憑藉什麼前往？」
　　窮和尚說：「我只需要一個水瓶和一個可以化緣的缽，便可慢慢步行前往。」
　　富和尚說：「我存了那麼多年的錢打算買一艘船搭乘前往，都還沒籌夠錢出發。你用走的怎麼可能會到？」

　　到了第二年，窮和尚成功從南海取經而還，並告訴富和尚，富和尚只有滿滿慚愧的臉色。

　　故事中富和尚的條件比窮和尚優渥太多，然而他遇到事情

急於否定、不願付諸行動的態度，只換來了多年裹足不前的結果。反觀窮和尚，即便物質條件不佳，但他有實踐的勇氣與決心，最終幫助自己完成夢想。

存股也和窮和尚取經一樣，要先開始才有機會到達，不能因為看慣了市面上投資達人年領百萬股息的例子，覺得目標遙遠，還沒了解過就連忙說這不可能、那是假的，遇事急忙全盤否定的態度，不僅對自己的收入無益，反而將其他改變的可能也一併斷送了。

「成功的人找方法，失敗的人找藉口」，在否定他人不可能的同時，是否曾思考過可能的方法又是什麼？若還沒有想到，是該花些時間靜下來想一想、找一找，正確的投資理財觀建立要趁早，以免讓自己的薪資在無所作為中一點一滴被通膨吞蝕。

要出發才有機會到達。

攝於 士林官邸。

📢 真理證明需要時間

　　十五世紀，在那個眾人都以為地球是平面的時代，哥倫布勇敢航行，為了證明地球是圓的。他率領船隊從西班牙出發，向西出發，希望能航行繞地球一周回到西班牙，可惜他到達美洲之後以為是印度便折回，沒有完成任務。過了二十多年後，麥哲倫延續哥倫布的夢想，率領一支船隊自西班牙出發，完成了繞地球一周的創舉，用實際行動證明了地球果真是圓的。

　　十九世紀，美國牙醫威爾斯（Horace Wells）嘗試將笑氣引進麻醉手術領域時，也被眾人嘲笑一個江湖藝人賣藝的把戲，竟妄想登上醫學的殿堂。雖然威爾斯還來不及證明他的論點便英年早逝，後來同為牙醫的莫登（William Morton）拾起威爾斯最初的構想，努力研發氣體麻醉的可能性，才逐漸形成了今日先進的麻醉技術。

存股也需要時間來證明

存股每年 5％複利看似少少的，有時起伏的市價還會不小心跌破均價，被人嘲笑賺了股息賠了價差，看起來傻傻的。

當然一年 5％的獲利也無法立即向他人證明什麼，不過真理都是需要時間去證明，只要耐著性子每年將本金與股利持續投入，慢慢地，當我們每月薪水以外的現金流越來越多，手頭越來越寬綽，生活過得越來越有品質。甚至開始有餘裕住進自己夢想已久的小窩，繳起房貸來壓力也逐漸減輕。

我想，讓自己過上好的生活，就是向他人最有力的證明，勝過千言萬語。

05
CHAPTER

存股的原子習慣：
理財就是理好人生

本章重點

存股是一輩子的事，貴在長期持有，複利效應才能展現出它核彈級的威力。既然要長期執行，將存股與生活習慣結合，才能事半功倍、走得更舒適長久。本章旨在分享小車的存股日常，包括理財觀、幫小孩存股的實務分享，以及生活中如何增加自己存股動力的小撇步。

理財，從細微的改善開始

　　霸榜多年的長銷書《原子習慣》強調細微習慣的改善，隨著時間的複利效應，所產生的變化非常驚人。書中舉英國自行車隊的巨大改變為例，原本英國在自行車這個運動項目上表現不太出色，直到 2003 年英國職業自行車協會雇用戴夫‧布萊爾斯福德（David Brailsford）為國家隊教練，從此命運開始翻轉了。

　　布萊爾斯福德相當投入於許多細微習慣的改良，他相信只要從所做的每一件事情當中找到微小的改善空間，當每個面向都改善 1%，全部加起來就會得到可觀的成果。諸如重新設計單車坐墊，使坐墊更為舒適；在輪胎上塗抹酒精，增加抓地力；讓室外比賽的選手換穿室內比賽服，因為那更輕，也更符合空氣力學。甚至繼續在被大家忽略之處尋求 1%的改善：測試不

同的按摩油、雇請一位外科醫生來教選手如何洗手以減少感冒機率、為每個選手找出能帶來最佳睡眠品質的枕頭與床墊……等，當數百個極微小的改善累積起來，成功比所有人的預想來得快。

就在他接掌教練後的短短五年，英國自行車隊就在 2008 年的北京奧運稱霸公路賽與場地賽，拿下六成的金牌，震撼自行車界，這就是眾多細微改善造就巨大改變的最佳證明。

因此，不要忽視生活細微習慣的改善，累積一定數量與時間後，可以帶來驚人變化。投資理財方面，「理財」相對來說是自己較可控、不假外求便能增加本金的方法。想節流，當然有些東西就必須取捨，但不一定要從省大錢開始，由省小錢的原子習慣做起，便能種下一顆顆名為希望的種子。

想存錢，有些東西就是得「取捨」

常常有朋友或粉絲跟小車說想存股，可是每個月扣完開銷之後所剩不多，一直無法開始。

首先，想要有錢投資，每月薪資下來要立刻將規畫當月投資的錢「先撥」入證券戶，扣除每月固定開支，剩下的錢才

可以花。再者，個人認為無論薪資多少，在存完緊急備用金之後，都應挪出一筆錢開始投資。每個月存不到 5 千元的朋友，應將支出攤開檢討，是否一些花費該有所「取捨」。所謂「魚與熊掌不可兼得」，魚和熊掌都是讓人垂涎的美味，若二者不能同時擁有，孟子說就捨魚取熊掌吧！我們生活中的支出也是如此，**不可兼得之時，就要想辦法「取捨」。**

想當年小車剛結婚時，搬進現在的家，由於婚禮、蜜月、鋪完木地板、基本室內粉刷……所費不貲，再加上我與先生看上了一套超美的鄉村風沙發，要價 6 萬元，大大超出預算，後來為了擁有這套沙發，屋內其他家具只好捨棄品質，選用相對便宜的 IKEA、特力屋。入住之後冷氣、浴室、廚房翻新也是靠兩人薪資一步步陸續到位。

每月的薪資有限，我們只能挑選心中認為最重要的先花，其他相對就得將就。若覺得小孩教育、才藝重要，其他玩具、穿著就得省；若希望旅行好好享受一番，平時吃穿用度、聚餐、玩樂就得節儉或次數降低；若租屋挑在交通、生活機能方便之處，交通就要盡量能省則省，選擇大眾運輸工具。

在提升本業薪資有限的情況下，如果每月伙食、穿著、交通、房租、孩子教育、休閒、保險……等支出這不行刪，那也不能省，什麼都不願妥協的話，也只能繼續惡性循環當個月月見底的窮忙族。

現在，不妨試著檢視一下自己的開支，有沒有好好地「取捨」一番呀？

我有好好取捨喔！

攝於 日月潭雲品酒店。

💰 省錢的原子習慣

　　《原子習慣》裡提到：「人很容易高估一個決定性瞬間的重要性，也很容易低估每天都做些小改善的價值。」大家還記得 4-3 小節提到敲石頭的故事嗎？這句話也完美詮釋了那個概念，大家總是太高估最後那漂亮一擊的重要，卻忽略了前面無數次的日常累積。其實即便是第 101 下還無法將大石頭敲碎，耐心再多敲幾下也是會碎的，重點是要有前面那被低估的 100 下累積。省錢與存股都有異曲同工之妙，每天省下這些微不足道的小錢，存股每年賺這不起眼的 5%～ 8%，但這些細微的改善，日子一久，累積所產生的複利效應便會呈現巨大差異。

　　現代人面對這個萬物皆漲，唯有薪水不漲的時代，很多朋友向我抱怨想要存股，但都擠不出太多錢，執行起來效果有限。我都會勸他們要好好檢視家裡每一筆開銷，認真研究這些花費有無更好的取代方案。關於節流，經過小車自己多年的嘗試與調整，條列以下幾點心得與大家分享：

採買類
1、小家庭採買不去好 X 多
　　不知道大家有沒有過這樣的經驗，每次去好 X 多，原本只想買其中一件商品，逛了一圈最後結帳時，不知不覺金額變

成了好幾千元。

　　知名量販賣場由於單次購買數量多，所以物品單價會很便宜，然而小家庭人口少，若一次購入大量生鮮食物，即便可以長時間冷凍保存，也會產生吃很久或吃膩的問題。一些容易即期的鮮奶、溫泉蛋、優格吃起來不僅於時間上充滿壓力，也在熱量上充滿負擔。部分想嚐鮮的零食，一次要買一大包，一旦買到踩雷食物只會欲哭無淚。倒不如去普通量販店買適量的食物即可，雖然單價較高，不過份量選擇彈性，可以避免不必要的消費。

2、跳脫折扣陷阱

　　折扣券看似省錢，卻也會勾起不必要的購買欲望，許多自以為精打細算的消費者，實則不自覺走進商人折扣的陷阱之中。建議購買需要物資時再去找有無相關折扣券，有就搭配使用，無則不勉強。

　　一些如口罩、抗菌紙巾、衛生紙、化妝棉、衛生棉……等有效期限長的的物品，遇到特價時可趁機囤貨。至於保養品、化妝品、卸妝油這類用於肌膚、保存期限只有兩、三年且一次用量不多的高價商品，購買時可以衡量最多一年的使用量，不亂囤貨，以避免過期或在使用上造成壓力。衣服只買需要的，

不要為了折扣而硬湊，因為最後硬湊的那一件衣服都是沒那麼喜歡與需要的，買回來極有可能穿都沒穿，就被束之高閣。（本人親身經歷 ☺ ）

3、不沉迷集點會員

很多購物網站或品牌商店採集點會員制，點數越多就能升到更高等的會員，享受更多折扣與會員贈品。殊不知有時為了追求更多折扣，反而要花更多的錢、買更多不必要的東西才能夠達到心目中的會員門檻。

育兒類

1、少去百貨公司

假日親子活動盡量去郊外、書局、文具店、博物館、兒童樂園、手作課程……等打發時間，少去百貨公司，尤其是兒童樓層。裡面有太多高單價的玩具，小孩子看了容易產生購買欲，且親子在買與不買之間拉扯只是徒增衝突，得不償失。

2、給孩子買書要試讀

媽媽們常因套書折扣多，且內容看似對孩子有益，便牙一咬買下整組，小車也曾經如此。不過後來發現孩子可能對這類書籍根本不感興趣，無論父母如何軟硬兼施，讀進去的效果很有限，先買後讀的結果是浪費了金錢更佔據了居家空間。

因此購買書籍前不妨讓孩子先在書局試讀，若能在現場靜下心持續閱讀超過 15 分鐘以上，詢問小孩閱讀意願後再買回家。並且要讀完一本再買下一本，也許這樣每本單價貴了些，對孩子而言卻像玩闖關遊戲，看完一本才能挑戰下一本，會更珍惜書本，也可避免同一系列買了一大堆，最後因孩子的閱讀興趣虎頭蛇尾而造成不必要的浪費。

至於買書的錢，如果書本內容對孩子的知識汲取有益，則由家長出，並鼓勵盡量閱讀；若無益，則要求孩子用自己的零用錢出。

3、不要打著為了孩子的旗幟瘋狂消費

在當媽媽以前，女性花費都在自己身上；而在當媽媽以後，對自己的打扮、吃喝、遊玩便開始不太講究，總希望將最好的留給孩子。

於是媽媽們開始省吃儉用，大買特買孩子的東西，諸如玩具、衣服、益智書籍、學才藝……等，不僅是給孩子最好的，也可能是一圓自己兒時未實現的夢，殊不知這樣省了自己的消費卻打著孩子的名義花更多。建議每月即便是孩子的花費還是要設定合理上限，以避免類似的藉口一用再用。當我們日復一日消費複製著不當決策，並將小藉口合理化，這些單筆消費雖

然細微，卻會像複利計算一樣，最終變成為數不少的損失。

節流，從單筆消費的細微改善開始，日子一久，涓滴細流也能匯集成江海。

💰 請過上自己配過的生活

之前讀《懂用錢，愈活愈富有》（*Buy This, Not That：How to Spend Your Way to Wealth and Freedom*）一書時，看到一句令我點頭如搗蒜的話：「**大多數人之所以會負債，是因為過上了自己還不配過的生活方式。**」這句話雖有點冷酷，但小車覺得是事實。所謂的「寅吃卯糧」就是寅年就吃掉了下一年卯年的食糧，原本秋收一年一穫的糧食，需要儲存下來慢慢分配一直吃到下一次收成。若是當年就把所有糧食吃盡，來年的春夏就會面臨斷炊，屆時只能走向預支未來用度的窘境。在現代，以信用卡分期付款來購買超過自己能力負擔的高價商品，就是過上了自己還不配過的生活。

大筆消費量力而為

除了買房以外，其他無法保值的消耗品諸如車子、家電、手機、名牌包、出國旅遊……等大筆消費，小車認為都須「**存夠全額**」才有資格來考慮購買與否。

存夠全額，付款挑一次付清或無息分期都無所謂，因為我們有「**本錢**」可以選擇，即使有突發狀況，直接還清尾款即可；倘若尚未存到該筆金額就預先以分期方式購買，享受了自己還不配擁有的物品，萬一不幸在償還債務的過程中突然被裁員，啟用備用金應付生活之外還要支付自己先前留下的爛攤子，頓時會讓生活壓力山大。一旦備用金用罄，就容易走向支付信用卡循環利息的無底深淵。

「人之所欲無窮」，而我們能負擔的物質始終有限，一味將快樂建築於無窮欲望之上，只會使自己永遠陷於求不得的泥淖之中。請知足、務實一些，先存錢再消費，結帳前多想想，有多少能力享受多少生活。

存股也要量力而為

消費之外，存股也要量力而為。平日工作繁忙或是閒錢用罄時，小車甚至可以一整個禮拜都不開股票 APP。這就是長期投資的好處，不必天天看盤，有錢有閒就打開 APP，觀察有無適合買進標的，沒錢沒閒就關上 APP，好好專注工作。即使錯過了股市的大起大落也完全不焦慮，我的優質股票依然穩穩地在帳戶裡，核心持股的股利照常準時入帳，成長標的繼續往它的趨勢邁進，不必成天爭分奪秒、看多看空、爾虞我詐……等煩惱諸多複雜操作。

就和逛百貨公司一樣，一年有春季慶、母親節活動、年中慶、周年慶、跨年慶……等，我們只須鎖定自己需要買進的商品及活動檔期即可，不用要求自己每個特價、每個優惠都跟到。存股亦然，每人的財力不同，買股量力而為就好，不必著急參與每一次的股價修正，也不必以小博大開槓桿、貸款買股，做超過自己財力負荷範圍的投資。有錢就買，沒錢就不看、專注本業即可！

一如標題所言，消費不預支，投資不貪心，兩者量力而為過上自己配過的日子，如此雖不足以令自己大富大貴，至少能讓自己遠離負債人生。

再窮也不能窮思維

2023 年 8 月 YouTube 大爆款《山道猴子的一生》是一部非常寫實的勸世影片，除了反映山道騎車勿逞能、男女交往要當心金錢陷阱外，我覺得比較大的問題是現在年輕人即便賠了裏子也絕不能輸掉面子的可怕金錢觀。

主角為了在 IG 上吸引更多粉絲，為了讓女友、朋友覺得自己很罩，不斷增加自己的信用卡債務，過上自己不配過的生活（騎重機 & 裝闊）。表面騎重機、把到正妹女友的人生勝

利組，背後整天上演的卻是沒日沒夜地爆肝打工、餐餐吃著即期微波食品果腹、月月逃避被催繳的信用卡債務。這樣的生活到底是接近 Winner（贏家）一些，還是更接近 Loser（輸家）一點呢？窮人常抱怨自己因為沒有錢而越來越窮，無法在底層翻身。殊不知窮人思維能令自己即便得到一筆錢，最終也會因為不正確的理財方式而走回貧窮的道路。

假設你有一筆 400 萬元現金，會拿來做什麼呢？

1、郵局定存

現在定存一年期利率為 1.56％，20 年複利 400 萬可滾成約 545 萬。台灣 2023 年 Q3 預估的消費者物價指數（CPI）為 2.1％（我是活在平行時空嗎？），若通膨保守以每年 2.1％計算，20 年後要 606 萬才能與現在的 400 萬等值。因此，乖乖存定存的精神可嘉，但這麼努力克制花錢欲望的你，還是因為通膨的侵蝕而白白讓自己損失了 61 萬（606 萬—545 萬）。

2、莫名其妙慢慢花完

不要覺得這個選項很荒謬，雖然 400 萬數目不小，買一台山道猴子的重機花 93.8 萬，加上改車、保養、維修、保險、油費、停車費、牌照燃料稅……等各式錢坑在等著填。

若再裝闊幫女友付個買車差額，沒事平日一起騎車出遊、

吃大餐、住高檔飯店⋯⋯，這筆錢應該會在兩、三年內揮霍殆盡。至於留下的這台重機，即便保養得宜、無事故，20 年後價值也所剩無幾了！

3、股市賺價差

　　這項就各憑本事了，諸如：投資投機股、虛擬貨幣、開槓桿、期貨、選擇權⋯⋯等，壓對則財富自由，壓錯小則賠個精光，大則欠下巨額債務。

4、買房

　　拿 400 萬去付 1,300 萬元房子的頭期款（再貴月付就超過一位普通上班族的負荷了），揹 900 萬房貸，貸 30 年，利率以最低青年成家方案 1.82％計，月付 3.2 萬。20 年後，手中擁有一間市價超過 1,300 萬元的自住房，以及 384 萬的房貸（3.2 萬×12 月×10 年），現金存款 0。

5、存股

　　400 萬拿去買保守估 5％殖利率的股票或高股息 ETF（請選擇有填息能力的標的），什麼事都不用做，複利 20 年後可滾出 1,061 萬的股票資產，往後每年可領取 53 萬元的現金流。若公平一點比照買房，每月投入 3.2 萬跟 400 萬本金一起滾，複利 20 年後可滾出 2,356 萬的股票資產，往後每年可領取

117.8 萬元的現金流。

　　同樣一筆 400 萬，不同選擇走向不一樣的人生，所以關鍵不在於錢，而是用錢的思維不能窮。因此，我們再窮也不能窮思維，窮思維會讓我們即便擁有高薪，充其量也只是位窮醫生、窮工程師、窮律師、窮會計師；而恰當的用錢思維能使我們就算薪水普普，未來也能成為一位低調且不缺錢的上班族。

只能不缺錢，致富還是有難度喔！

💰 我把儲蓄險減額繳清了

剛出社會時，由於對投資理財一竅不通，我將所有的薪資閒錢都放在定存與儲蓄險，陸陸續續買了三張長達「20 年」的儲蓄險，想來當初真的好傻好天真。

後來認真研究了儲蓄險的合約，才發現它這扣款的 20 年並沒有任何利潤，提前解約甚至還得賠上為數不少的解約金，直到 20 年期滿才能開始領取每年 3％的複利。等於是我的錢至少要被儲蓄險綁架 32 年（20 年期滿後才開始複利 3％滿 12 年），獲利才會超過定存，算起來真的很不划算，更別說落後通膨多少了！說穿了儲蓄險除了可以逼自己存錢和不亂花錢之外，好處似乎乏善可陳。

即便早就知道儲蓄險這麼不划算，我還是礙於生活慣性，以及害怕承辦小姐不斷地勸退、洗腦，始終沒有去辦理減額繳清的手續，在這樣的一再延宕之下，我的儲蓄險也默默繳了12、13 年。

2021 年尾，仔細計算了同樣一筆錢存股 30 年和綁儲蓄險 30 年的差距後，我終於下定決心不顧承辦小姐的洗腦勸阻，堅持完成減額繳清。過去投入的錢就繼續放著，不解約，但未來的薪資閒錢該怎麼投資，我想自己做主，把錢拿來當銀行的老闆，不想再當銀行的客戶。

改變現狀，跳脫舒適圈需要勇氣，但我不想 20 年後的自己為今日的膽怯而後悔。

存股實驗持續中……

為什麼要投資？比較消費、定存、儲蓄險和存股的差異

	情況 1 100 萬 拿去買車	情況 2 100 萬 放定存 (1 年 1.09%)		情況 3 100 萬 綁儲蓄險 (20 年後開始複利 3% 小車自身儲蓄險合約)		情況 4 100 萬 投入存股 (1 年 5%)	
	金額	金額	總報酬率	金額	總報酬率	金額	總報酬率
10 年後	0	111 萬	11%	100 萬	0%	163 萬	63%
20 年後	0	124 萬	24%	100 萬	0%	265 萬	165%
30 年後	0	138 萬	38%	134 萬	34%	432 萬	332%

5-2　照顧好自己的晚年，就是送給孩子最棒的禮物

　　本節主要是回答網路上常見和小孩存股相關的問題，例如要不要幫小孩存股？該挪自己的錢幫小孩存，還是只存小孩的紅包錢就好？要不要幫小孩開一個獨立的證券戶……等，小車針對以上問題提出自己看法，並分享個人幫小孩存股的實務經驗，以及後續的反思檢討供大家參考。

Ｑ「該幫小孩存股嗎？」

　　存股社團上常有家長提出這個疑問，今天來談談我的想法。

基本上我不贊成用自己的錢去幫孩子存股，主要是自己的錢買房跟養老都不知道夠不夠，實在沒有餘力再分去幫小孩存股，不過孩子每年的紅包錢我會固定幫他買進股票。

　　有句話叫「授人以魚，不如授人以漁」，簡單點來說就是給他魚吃，不如教他怎麼釣魚。為人父母不可能為孩子一輩子遮風擋雨，與其留給他一大筆錢財，還不如教導他建立正確的理財觀，使其能受用一生。

　　幾年前曾在一個社團版上看見一位股市小白提問，說他父親幫他存了一些中華電和中鋼的股票，市值約 200 萬元。父親覺得他滿 18 歲了，想說把存好的股票全權交給孩子自己進出交易。這位小白接手後，看這兩檔股票實在太牛皮，漲不動，於是聽從朋友的慫恿，將股票全數賣出，買了當時一百多元的鴻海。沒想到買了之後一路往下跌，跌到七十幾元實在受不了，又全數將鴻海出清，原本的 200 萬只剩下 140 萬，他不敢跟父親說，於是來社團版詢問大家該怎麼辦？

　　看了這位小白的故事之後，我便下定決心，在孩子還沒完全參透存股領股利一事之前，絕不讓他單獨操作已存多年的股票。

現在每年孩子的紅包錢我都會幫他買進股票，雖然金額不多，但報酬率仍勝過定存。為了避免和自己的持股混淆，另外以自己的名字在別家證券行開了一個新帳戶，專門存孩子紅包錢的股票。藉由每年複利累積直到孩子長大，有創業、成家或購屋需求時再賣出（錢應該還是不多就是了）。

💰 小孩帳戶還是獨立開較好

2022 年趁孩子暑假，我和我老公終於找到一天請假，一起去幫孩子開了一個屬於他自己的證券戶。之前幫孩子存股，為了省去三人（父、母、孩子）到場開戶的麻煩，選擇用我自己的名字到另一家新的證券行開戶，專門存孩子的股票。經過 2 年操作下來，發現除了省去開戶的麻煩外，沒有其他好處。缺點如下：

1、股利配股無法分別匯到 2 個戶頭

同一人名下不同證券戶雖然可以分別買股票，但股利、配股發放時同一家公司只能選擇匯進「一家」證券戶。假設我在 A 證券（自己的）買了一張華南金，在 B 證券（孩子的）也買了一張華南金，股利發放時無法將股利、配股分別匯到 A、B 兩家證券，只能在 A、B 之間選擇一家，匯進 2 張華南金的股利、配股。因此每次股利入帳，還要額外將孩子的股利匯進

B 帳戶，多花跨行轉帳的手續費。

2、有配股的均價無法拉低

　　若股票有配股，匯進證券戶時，系統會當成是公司送給你股票，因此配股的成本價是 0 元。領個 3 到 5 年，對於持有均價的拉低會非常有感。然而如果孩子的配股撥到 A 證券（自己的），即便是媽媽將配股賣出，再到 B 證券（孩子的）買回同樣的股數，孩子的配股成本也不是 0 元，而是當時的市價，降低持股均價的效果便不明顯。雖理智上知道成本沒這麼高，但帳面上常綠的數字孩子看了容易心生挫折。

3、須額外計算股利配股數目

　　由於同一人名下同公司的股利、配股會合併計算，所以每年每家公司股利發下來，還須根據自己和孩子的持有張數來計算股利並額外匯入孩子的帳戶。若標的為季配息，便要算四次、匯四次，更加麻煩。

　　兩年來基於以上實務操作的缺點，建議父母如果要幫孩子存股，不妨一開始辛苦一點，直接帶孩子去證券商開立一個孩子姓名的帳戶，不僅可以省下後續諸多麻煩，還能多領一份股東贈品喔！

幫孩子存股要做到兩件事

2022 年暑假用兒子的名義新開了證券戶，由於之前兩年在我帳戶裡幫孩子存的股票金額不大，若要將原本在小車名下的股票轉至他的新帳戶，需要辦頗繁複的手續，所以我決定直接賣出股票，再將這筆錢在孩子的證券戶裡重買一次就好，轉換過程如下，提供有意幫孩子存股的家長參考。

小孩的股票轉換

由於幫孩子新開戶的時間為 2022 年 8 月，正逢 2022 年股市大修正，而之前在我帳戶幫孩子存的股票買進時間是 2020、2021 年，因此 2022 年 8 月時股票的未實現損益是一片慘綠，貿然賣出換去新帳戶會直接造成一些虧損。於是只好我先「借」出等值的紅包錢在兒子的新帳戶買股，等原本在我名下的股票上漲超過均價時再賣出還錢給自己。後來一直等到 2023 年 6 月才全數賣出歸還完畢，完成為期近一年的股票轉換。

雖然過程麻煩了些，不過能避免在大跌時虧損轉換，也由於新帳戶買進的時間在低點，所以孩子的持有均價也相對不高，每次打開股票庫存都是滿滿的紅色，對於孩子存股初期也能建立成就感。

股利單是自己名字就是不一樣

2020 年我告訴兒子要把他的紅包錢拿去存股，請他決定一個要放在身邊的金額，其他都拿去存股，每年可以領股利。

一開始孩子還不太捨得將手上的鈔票交給我，我跟他說：「錢一直放在抽屜裡不會變多，但拿去存股就可以像滾雪球一樣越滾越大，每年什麼事都不用做，還會發小小的零用錢給你喔！」於是兒子就半信半疑地把紅包錢給我。

2020、2021 年領股利時，由於幫孩子買的標的是年配的玉山金與季配的台積電，年配的動機增強效果對一個孩子來說確實不大。雖然台積電是季配，但股利一次不多，大概只有一百多元，加上當時還沒幫孩子獨立開戶，收件人的姓名是小車，因此孩子看完股利通知單不太有反應。

2022 年 8 月開了孩子的證券戶後，適逢當時 0056、00878 物美價廉，我將大部分的錢拿去買這兩檔高股息 ETF。00878 是季配，但相較於台積電，股息有感許多，一季就可以領到九百多元，這對一位小二的孩子來說算是滿大的金額，加上股利單的姓名不再是媽媽而是他本人，有一張自己專屬的股利單感覺就是不一樣。

感受到存股的美好

到了 2023 過完農曆新年後，我問兒子今年要拿出多少錢來存股？他很開心地說：「我全部都要拿去存股，繼續錢滾錢，這樣我就可以領到更多股利了！」後來連政府普發的 6 千元他也毫不猶豫地決定拿去存股，看來到了小三的他已經開始感受到存股的好處且具備初步概念了。

經過這幾年與兒子的互動，發現若想成功建立孩子的存股觀念，歸結做到以下兩點便可事半功倍：

1、開孩子姓名的證券戶
2、存股利容易有感的高股息 ETF，季配息更佳。

培養孩子正確的財商觀，才是讓他受用一輩子的最大財富。

攝於 基隆潮境公園。

父母之愛子，則爲之計深遠

　　現代人孩子生得少，每個都惜命命，比起於從前眾多兄弟姐妹的年代，往往能受到較好的照顧與關注。市面上舉凡雙語幼兒園、蒙特梭利、潛能探索、各式兒童才藝⋯⋯等要價不斐的課程，報名情況總是絡繹不絕，因為大家都想讓孩子「贏在起跑點」。

　　在肯定各位爸爸媽媽的無私奉獻之餘，也希望大家能「量力而為」，若為了讓孩子贏在起跑點，投入超過自己能力範圍的金錢，而忘了保留資金布局自己的退休生活，等到老來退休、付完房貸，身無足夠存款、現金流支應晚年生活開支、醫療費用時，反而將重擔落在孩子身上，很有可能造成孩子「贏在起跑點」，卻輸在「人生後半場」的悲慘結果。

　　因此有粉絲朋友問小車要不要讓小孩上安親班和學才藝？（大家問題的範圍真廣）我的回答是：不主動，等有「需求」再去。

有托幼需求

例如孩子國小低年級只上半天課，而雙薪沒有後援的家庭，父母忙於工作抽不出身照顧孩子，有急迫的「托幼」需求，當然也只能選擇上安親班。

有課業學習需求

若孩子在班上考試已經開始落後其他同學，且在嘗試過寫參考書練習題，程度仍然追得很辛苦的情況下，也是有參加課輔安親班的需求。

有興趣需求

至於是否要讓孩子學才藝，還是得回歸孩子的「興趣」來思考。若孩子在某方面有極高的天賦和興趣，作為父母的自然是高度支持；如果孩子只是三分鐘熱度的順口一提，今日想學芭蕾，明日想學跆拳，後天想學直排輪……等，父母也不需要太過當真。

假如孩子對於某項才藝十分感興趣，提了好幾個月，我們不妨設定一些行為目標，例如：考試集滿幾個 100 分、幫父母做家事集點 50 點、早上不賴床 1 個月……等來考驗孩子對這件事的渴望度，若果真能做到，代表孩子對學習這項才藝具有

濃厚的興趣，不妨就讓他試試。切忌把自己幼年的夢想加諸在孩子身上，這樣只是替自己圓夢，並非為孩子好，每個人都是獨立的個體，不該是父母彌補缺憾的工具。

「父母之愛子，則為之計深遠」父母如果真的愛孩子，就應為他們的長遠而謀畫，目光短淺只活在當下，看似愛之適足以害之。為人父母除了無私對子女付出全部的愛，也別忘了要為自己的將來打算。提前規畫退休後的經濟來源，以及懂得適度運動，維持健康體態，並且培養長久興趣，經營充實退休生活。使自己老年在「經濟、健康、生活」各方面不成為子女的負擔，讓他們可以無後顧之憂地放心逐夢，我覺得這就是送給孩子最棒的禮物。

5-3　我的存股進行式

　　本節稍微輕鬆一下，分享小車平日一些與存股相關有意思的小插曲、心情隨筆，以及生活中如何增加自己存股動力的小撇步。

💰 製作領息行程表

　　小股東一年中最開心的日子就是股利進帳日，每年我會將持股新聞發布的除息日、入帳日記在手機記事本上，並按照股利入帳的日期加以排序，完成了便打勾。如此不僅方便查帳，也讓領息多些期待與樂趣喔！

　　以小車的持股於 2023 年股利行程表為例：

領 息 行 程 表

1、台積電（2330）：
配 2.75 元，領□□□□元（12/15 除息，01/12 發）✔
配 2.75 元，領□□□□元（03/16 除息，04/13 發）✔
配 2.75 元，領□□□□元（06/15 除息，07/13 發）✔
配 3 元，領□□□□元（09/14 除息，10/12 發）✔

2、元大高股息（0056）：
配 1 元，領□□□□□元（07/18 除息，08/11 發）✔
配 1.2 元，領□□□□□元（10/19 除息，11/14 發）✔

★這三檔組
成月月配

3、國泰永續高股息（00878）：
配 0.27 元，領□□□□元（02/16 除息，03/22 發）✔
配 0.27 元，領□□□□元（05/17 除息，06/12 發）✔
配 0.35 元，領□□□□元（08/16 除息，09/11 發）✔

4、國泰全球品牌 50（00916）：
配 0.17 元，領□□□□元（06/16 除息，07/14 發）✔

5、南亞（1303）：
配 3 元，領□□□□□元（06/29 除息，07/28 發）✔

6、富邦台 50（006208）
配 1.352 元，領□□□□元（07/18 除息，08/11 發）✔

7、亞泥（1102）：
配 2.3 元，領□□□□□元（07/20 除息，08/17 發）✔

8、華南金（2880）：
配現金 0.59 元，領□□□□元（08/17 除息，09/08 發）✔

9、合庫金（5880）：（08/09 除權息，09/12 發錢、股）✔
配現金 0.5 元，領□□□□□元
配股 0.5 元，領□□□□股

10、兆豐金（2886）：（08/10 除權息，09/15 發錢、股）✔
配現金 1.24 元，領□□□□元
配股 0.08 元，領□□□股

我能想到最浪漫的事，
就是和你一起慢慢變有錢！

上一本書提到小車在 2013～2017 年緊抱父親持股南亞（1303）、亞泥（1102）不動，直到 2017 年「南亞」獲利大爆發，才初次感受到股利的威力。那年我開始鑽研各式以領股利為主要獲利的投資書籍，不敗教主陳重銘老師的《6 年存到 300 張股票》是我的存股啟蒙之書，也是從 2017 年開始，分批投入自身累積多年的資金，積極存股。

小車先生的加入

剛開始，我的先生對股票很反感，覺得買股票就是在賭博，還勸我不要投太多錢下去，以免血本無歸。儘管我也嘗試跟他解釋存股領股利與做價差的不同，但他對股票的疑慮還是很難在短時間內消除。

直到有一天，他突然來跟我說：「我決定要和你一起存股！」

我很驚訝地問道：「之前講半天你都不理我，怎麼突然想通了呢？」

一問之下，發現原來我的老公在育兒時，一時無聊隨手翻開我放在桌上的《6年存到300張股票》，準備打發時間（我們家規定育兒時，大人在旁邊不能玩手機，只能看書），沒想到不看則已，一看就停不下來，看完整本書之後，決定馬上解定存和我一起投入存股。只能說教主這本書一口氣啟發了我們夫妻二人的財商觀，真的很厲害！「書中自有黃金屋」所言不虛。

自此之後，我跟我老公從之前的 PK「定存金額」，改為 PK「股票總資產」。平日除了彼此交流一些存股路上經歷的疑慮跟想法外，在存股標的選擇上，也能因為各自擅長的領域不同，而激發出新的思維。

像小車本身是擅長存金融股，以及熟悉南亞、亞泥這兩檔景氣循環股的規律，而小車先生從事電子業，對於電子產業與趨勢了解更深入，所以我的成長股選擇台積電（2330）與統一 FANG+（00757）也是採納他的建議。

一起慢慢變有錢

　　有時我常常在想，別的夫妻平日都在討論如何存錢、花錢，假日要去哪裡玩、吃大餐……等（我們也是會啦😊），而我們夫妻倆的興趣卻是討論怎麼買股票？買什麼標的？上漲時如何說服自己不賣？下跌時如何告訴彼此沉住氣……諸如此類的話題，而且聊得不亦樂乎，根本就是一對搶錢夫妻檔嘛！

　　現在開始，說服你的另一半也加入存股的行列吧！一人存股太無聊，兩人存能相互扶持，多年後資產翻倍的金額也更多，可以擁有更好的生活品質。

　　我能想到最浪漫的事，就是和另一半一起慢慢變有錢！

我能想到最浪漫的事，就是和你一起慢慢變有錢！

攝於 茹絲葵。

小車 vs. 小車先生
股票資產配置大 PK

　　雖然小車先生是受到《6 年存到 300 張股票》的啟發而踏上存股之路，不過他的股票資產配置相較於小車的穩中求勝，顯然是更積極一些，攻擊部位佔了絕大部分。在此分享兩人各自的股票資產配置及其想法與理由、持有標的最大的未實現損益區間%數，與經歷 2022 年大盤修正後的檢討與啟發。

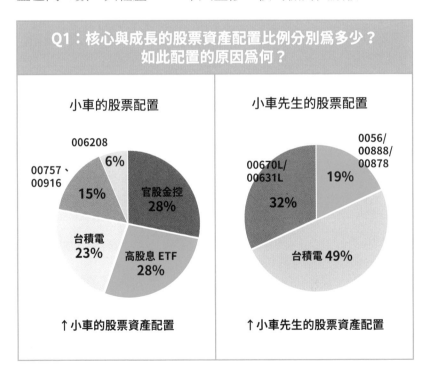

Q1：核心與成長的股票資產配置比例分別爲多少？如此配置的原因爲何？

小車的股票配置

- 006208　6%
- 00757、00916　15%
- 台積電　23%
- 官股金控　28%
- 高股息 ETF　28%

↑小車的股票資產配置

小車先生的股票配置

- 0056/00888/00878　19%
- 00670L/00631L　32%
- 台積電　49%

↑小車先生的股票資產配置

Q1：核心與成長的股票資產配置比例分別爲多少？如此配置的原因爲何？

| 小車 | | 小車先生 | |

小車

　　官股金控與高股息 ETF 是我領股利爲主的核心持股，合計約佔整體的60%，目的在於提供支付房貸的股利現金流，其相對和緩的起伏能在大跌時爲我帶來穩定內心的力量。

　　成長股的部分有台積電（2330）、統一 FANG+（00757）、國泰全球品牌50（00916）、富邦台50（006208），其中00757、00916爲台灣上市的海外ETF約佔15%，是目前我想分散到美股的部分；台積電與006208爲台股，由於2022年股市修正不斷加碼台積電，導致持有比例過高，未來現金會暫停投入台積電改投006208，增加大盤ETF的比例配置。

小車先生

　　攻擊型標的佔80%，如：台積電（2330）、富邦NASDAQ正2（00670L）、元大台灣50正2（00631L）。這部分我主要挑選長期趨勢向上的 ETF，相信只要給予時間，股市會持續成長，藉由年化報酬率較高的 ETF 來加速資產累積。其中因含有槓桿 ETF，波動會更大，但換個角度想，波動大也意味著我們常常有機會買到便宜價，拉低均價的效果更好。利用台積電及高股息 ETF 帶來的月月現金流，讓我每月都有資金可以購買，也能間接強迫自己資金分散進場。

　　至於防守型標的佔20%，如：元大高股息（0056）、國泰永續高股息（00878）、永豐台灣 ESG（00888）。透過幾檔高股息 ETF 與台積電互相搭配，以每月能領取穩定現金流爲主要目的，產生源源不絕的股票購買力。

　　而攻擊80%、防守20%的比例也是我依據個人喜好、對股市的認知，以及風險承受度……等因素考量後的配置。雖然小車認爲有點瘋狂，但我抱起來蠻開心的。

Q2：在兩位的股票資產配置中，持有期間較明顯的未實現損益高低百分比分別是多少？

小車		小車先生	

小車

標的	未實現損益	
	最高	最低
00878	32.5%	-8%
0056	14.7%	-27.15%
台積電	34.6%	-25.8%
00757	36.39%	-35%

※註：小車的金融股自2018年開始購入，由於每年股票APP中配股以0元計算，所以加入配股後會大幅拉低持有均價，其未實現損益%數將配股也計入，數字會遠高於其他不含息標的，無論股價如何下跌均未呈現負值，故不在此處列出。

小車先生

標的	未實現損益	
	最高	最低
00670L	46%	-29%
台積電	29.3%	-28.1%
00631L	15%	-42.3%

Q3：經歷 2022 年大盤修正近六千點後，覺得自己資產配置有何優缺點，以及有什麼想法上的改變？

小車	小車先生
小車　　金融股、00878相對抗跌，在大盤修正時給予我很大的支持力量；0056由於是在2022上半年金融換高股息時買在高點，持有均價約32元，大跌時一度未實現損失高達27.15%，讓我感到相當痛苦，可見即便是以領息為主的核心持股也不能在高價時肆無忌憚地大量買進，下跌時套牢程度不輸成長股。 　　至於成長股方面，00757下跌幅度太驚人，我會趁高點慢慢賣出換股，降低持有比例，換至漲跌幅相對和緩00916或006208。	**小車先生**　　雖有很大的比例放置在攻擊部位，但是我依靠搭配防守部位 ETF 的穩定配息，讓自己即使在股價狂洩的黑暗期仍有股利進帳，因此我可以持續將股利再投入攻擊部位。尤其是最近由於季配息盛行，能搭配不同標的組成出月月配後更是開心，因為如此每月都有股利可再投入。這樣的策略是我反覆思考後找出來認為合適自己的投資策略。 　　回到 2-1 小節談論的股票資產配置，投資策略很難一次到位、永遠不變，隨著時間與認知的不同，想法也會有差異，建議讀者在努力存股時，也要隨時注意內心當下的感受，找出讓自己最安心的投資的比例，才能走得更遠。

Q4：未來中長期的股票資產規畫方向是什麼？

小車	小車先生
小車　　由於支付房貸的股利現金流已足夠，之後現金投入成長股的比例會增多，標的以分散風險的ETF為主，不過若遇到金融股、高股息ETF價格修正、殖利率回升時也會考慮繼續買進。	**小車先生**　　相對於個股，我覺得自己抱ETF心情比較愉快，所以未來標的都會以ETF為主。往後台積電部分我也會考慮改以含有台積電的ETF取代，資產配置會維持攻擊80%、防守20%的比例，每年定期再平衡。

| 小車 | 小車先生 |

小車

　　00757從2021年11月的高點54元一路往下緩跌至2022年11月的31.99元，長達一年的緩跌加上帳面上未實現損失一度到-35%，當時心情真的非常難熬。

　　雖然同時間0056的未實現損失數字也很慘，不過有股利支撐下其未實現損失似乎還可以接受。至於00757是完全不配息的，僅憑市值起伏賺取資本利得，股價修正時除了耐心等候外，別無它法。所幸後來撐到2023年5月終於漲回我的持有均價，脫離套房生活。

小車先生

　　覺得難熬的時間點大概跟小車差不多，特別是因為我持有槓桿型ETF，下跌也是當日兩倍的下跌，跌幅更加驚人。但其實對我來說，那段期間最痛苦的不是股價的跌幅，而是下跌時沒錢加碼，沒辦法參與到每一個股市大幅下跌的時刻，讓人覺得非常可惜。加上我又是一個急性子的人，手邊一有閒錢就會想趕快把資金投入股市，所以在股災的最低點買到的股票沒有很多。

　　經過多番思考後，為了減輕這種無錢可買的痛苦，以及配合自身這種衝動型買家個性，我調整了攻擊與防守的比例，對我而言，每個月有股利現金流進帳能讓自己在股災時心情好過一些。且每月領到的股利加上薪水閒錢，也讓我可以定期有一小筆錢投入股市，參與市場的每一刻。

原來不用心，也是可以不交易

　　由於職務的調動，前陣子我換到另一間辦公室，同事有空私底下也會稍微聊一下股票投資。有一位資深的大姊，在我們提到的所有好股票標的時，她都會亂入一句：「我有買，不過只有一張。」

　　提到台泥，資深大姊說：「我有買，不過只有一張。」
　　（心想：雖然只有一張，有買也是不錯啦！）

　　提到亞泥，資深大姊說：「我有買，不過只有一張。」

　　提到兆豐金，資深大姊說：「我有買，不過只有一張。」
　　（心想：大姊懂存股？）

　　提到富邦金，資深大姊說：「我有買，不過只有一張，而且買在 48 元。」
　　（心想：厲害，抱到現在完全發財）

提到 0050，資深大姊說：「我有買，不過只有一張，而且買在 74 元」

（心想：定力真夠）

提到台積電，資深大姊說：「我有買，不過只有一張。」

（心想：哇！財力驚人呀！）

提到 0056，資深大姊說：「我有買，不過只有一張。」

（心想：這位大姊有蒐集各類優質股的嗜好嗎？」

資深大姊接著說：「我還買了一張裕隆，買在 40 元，之前幾年一度還跌到十幾塊，嚇死了，幸好撐到現在又漲回來了！」

我說：「那妳對裕隆很有信心耶！跌到十幾塊還能撐住不賣。」

資深大姊：「其實我是因為不太會使用股票 APP，會下標買，但不知道怎麼賣，之前跌到十幾塊的確想賣，不過我懶得研究要按什麼才能賣，所以就抱到現在了！」

我：⋯⋯⋯⋯⋯⋯

都說存股是「用心」於不交易，原來只要是績優股，「不用心」也是可以不交易呀！

一代賢臣魏徵曾勸諫唐太宗：身為一位統治者，只要挑選有才能的人，信任並且重用他，選擇好的意見採納它，臣子們便會各司其職、盡忠職守，國君自然能「鳴琴垂拱，不言而化」，只須彈彈琴，不必多做、不必多說，老百姓就可以被教化，何必事事都親力親為呢？

存股亦然，選擇績優股，買下它並且信任它，只要公司獲利、基本面正常，不會使用 APP 賣股也沒關係喔！

股票 APP 賣出介面，有時候不會賣股也是件好事！

需不需要力勸朋友存股？

　　前一陣子有位粉絲向我抱怨他的朋友耳朵很硬，不管用什麼方式勸他存股都不聽。身為好友，我們到底該不該力勸朋友存股呢？小車個人覺得先不要。

　　存股是一項穩健、入門門檻低、花費時間少、操作方法簡單、投資報酬合理且能戰勝通膨的投資方式，既然存股有這麼多好處，為什麼我們先不要勸親友趕緊加入呢？原因在於「觀念的建立」。

存股貴在觀念

　　雖然存股的招式非常簡單——挑選、買進、持有，然而任何武功與技藝的習得都需要先練好紮實的基本功，一如功夫之於蹲馬步、體育項目之於體能與肌力訓練，在開始進場存股之前，投資者必先建構正確的投資觀。

　　小車粉專分享的文章大部分以存股觀念為主，就是因為存股成功的決勝點在於「觀念」。買股容易抱股難，即便存股

已成為現代投資顯學，放眼小車現實生活中，身邊親友真正有在實踐的依然只有我的老公，而且他開始存股並非源於我的苦勸，而是因為一本書（詳見〈我的存股故事：我能想到最浪漫的事，就是和你一起慢慢變有錢！〉，P.286）。

其他同事、朋友或許已經開始小額存股，但真正願意投入備用金以外大筆閒錢勇於存股的，現實生活中還沒有遇到。這也是為何小車會在書中、粉專裡分享存股相關社團與粉絲專頁請大家在網上尋求同溫層的支持，因為現實人生中遇到徹底執行存股的人屈指可數。存股這條路既違反人性、又孤獨，想要撐下去，只能尋求網路以及書籍的慰藉。

改變刻板印象有難度

現實生活中，存股族之所以這麼少，其一在於社會大眾對投資是賭博的刻板印象極難消除，大部分的人只敢將股票當成玩票性質淺嘗輒止；其二是存股的績效並非立竿見影，有時候需要十年、二十年甚至一輩子來證明。

看見身邊好友為金錢所苦，想要勸他存股，你必須成功改造他的「理財觀」、「股票的刻板印象」，以及建立「存股要長期持有才能獲利」的觀念，光是第三點就可能需要在他身旁耳提面命十年以上，你做好這樣的心理準備了嗎？

即使親友聽你的話，徒有買進行為，沒有正確持有觀念，遇到大多頭股市狂飆自然皆大歡喜，但是遇到下跌、帳面虧損的時候，就得面對他終日食不下咽、睡不好覺的抱怨，慘一點的直接砍在阿呆谷賣出，造成一大筆已實現損失，對於兩人的情誼更是一大傷害。

存股觀念宜分享但不勉強

　　面對親朋好友，你可以與他分享有這樣的投資方式，也可以推薦或直接贈送給他相關的書籍。「佛渡有緣人」，若他讀得進去且接受觀念，自然會願意一試，反之如果他一直無法改變投資股市的刻板印象，就算成功說服他買進績優股，往後漫漫持有之路未必能通過時間的考驗。

　　存股是一趟修心之旅，我只願與有緣人同行。

按照你的節奏，
就是人生最好的速度

我很喜歡之前在「我是崴爺」粉專裡看見崴爺引用的一首詩：

New York is 3 hours ahead of California, but it does not make California slow.

紐約時間比加州時間早三個小時，

但加州時間並沒有變慢。

Someone graduated at the age of 22, but waited 5 years before securing a good job!

有人 22 歲就畢業了，但等了五年才找到好的工作！

Someone became a CEO at 25, and died at 50.

有人 25 歲就當上 CEO，卻在 50 歲去世。

While another became a CEO at 50, and lived to 90 years.
也有人遲到 50 歲才當上 CEO，然後活到 90 歲。

Someone is still single, while someone else got married.
有人依然單身，同時也有人已婚。

Obama retires at 55, but Trump starts at 70.
歐巴馬 55 歲就退休，川普 70 歲才開始當總統。

Absolutely everyone in this world works based on their Time Zone.
世上每個人本來就有自己的發展時區。

People around you might seem to go ahead of you, some might seem to be behind you.
身邊有些人看似走在你前面，
也有人看似走在你後面。

But everyone is running their own race, in their own time.
但其實每個人在自己的時區有自己的步程。

Don't envy them or mock them.

They are in their TIME ZONE，and you are in yours!

不用嫉妒或嘲笑他們。

他們都在自己的時區裡，你也是！

Life is about waiting for the right moment to act.

生命就是等待正確的行動時機。

So, RELAX.

You're not LATE.

You're not EARLY.

所以，放輕鬆。

你沒有落後。

你沒有領先。

You are very much ON TIME, and in your TIME ZONE Destiny set up for you.

在命運為你安排的屬於自己的時區裡，一切都準時。

　　全詩說的是每個人都有自己人生的節奏，有人成功得早，有人成功得晚，但早有早的好，晚也不見得差，不須因他人的

成功而貶低自己。存股也是一樣，有人本業賺得多，有源源不絕的本金可以投入，再搭配正確的財商觀，年紀輕輕就財富自由也是大有可能。至於一般上班族本業薪資有限，也許累積的速度慢了些，但持續投入終有水到渠成之日。

然而累積股票市值的過程並非像存錢一般單純地只增不減，很可能投入了更多的本金，換來的只是帳面上更多的虧損。有人問小車：「妳存股這麼多年，為何帳面上還有虧損？」我只能說存股多年能讓自己帳面上虧損的機率低些，並非完全不會虧損。以我 2020 年 8 月開始存的台積電（2330）為例，從 442 元一度飆到 688 元，也曾下跌最低至 370 元，未實現損益從＋34.6％變成 -25.8％，不僅將先前 2 年的獲利％數打回原形，2022 年 10 月更因倒賠而住進套房。

當然，說不沮喪是騙人的。不過資產市值本就是浮動的，累積的過程好似人生的際遇，有起有落。眼前的低潮猶如通過泥濘之地，窒礙難行，甚至邊走還會邊懷疑自己為何挑了一條這麼爛的路？不過有哪一條路能永遠避開人生的風雨呢？也許進度慢了一點，甚至倒退了一些，不怕慢，只怕站，不和他人比較，照著自己的步伐，持續前行。只要方向正確，成功是必然的，只是或遲或早，與大家共勉之！

06
CHAPTER

從存股到買房：
打造自己嚮往的生活

本章重點

存股過程中若有明確目標，將能加快資產累積速度。這一章要分享小車和小車先生，如何透過持續存股達成買屋目標的歷程，希望幫助同樣有買房夢的存股族，早日實現擁有理想家的願望。

6-1　關於存股與買房的二三事

　　存到一筆頭期款到底要先買房，還是先存股呢？這是個無解的習題，太早買房會幾乎讓所有的薪水閒錢都投入房貸之中，沒有多餘資金累積股票資產、打造股利現金流；先存股10年再買房，雖能在每月房貸支付上更加游刃有餘，但近年台灣房價驚驚漲，會不會存夠了股票卻追不上房價上漲的速度呢？沒有人能預知10年後的事。

　　本小節以實際金額試算一下，先存股再買房，以及邊買房邊存股兩方案，到底何者較划算呢？

先存股再買房，借力使力更輕鬆

　　所謂「數大便是美」，存股領股利除了增添生活中的小確

幸之外，股利到底有沒有機會大到可以用來支付房貸呢？只要夫妻齊心，不僅能買到房子，還能滾出一筆退休金，我們來試算看看可不可行？

購買一間 1500 萬的新成屋

 頭期款 300 萬

假設夫妻 30 歲成婚，之前工作 8 年存款各存 150 萬。

 30 歲～ 40 歲存股，累積買房金

30 歲開始存股，一人年存 35 萬元（月存 2 萬×12 ＋獎金 3 萬＋年終 8 萬）

年報酬率保守以 5% 計

31 歲：35×1.05 ＝ 36.75 萬

32 歲：（36.75 ＋ 35）×1.05 ＝ 75.34 萬

33 歲：（75.34 ＋ 35）×1.05 ＝ 115.85 萬

………

40 歲：462 萬

夫妻 2 人：462 萬×2 ＝ 924 萬元（股票）

一年股利：924 萬×5% ＝ 46.2 萬

每月可支付房貸：46.2 萬 ÷12 ＝ 3.85 萬

💰 40 歲買房，讓股利付房貸 30 年

購屋 1,500 萬元，理想狀態貸 8 成，頭期款 300 萬元，貸款 1,200 萬元，貸 30 年。

每月還房貸 4.4 萬（本息攤還），以股利為支付大宗。

💰 40 歲～ 60 歲存股，累積退休金

夫妻薪資各再挪出 2,750 元補貼房貸，閒錢持續每人年存股 35 萬元，估 5% 獲利

41 歲：35 × 1.05 ＝ 36.75 萬

42 歲：（36.75 ＋ 35）× 1.05 ＝ 75.34 萬

43 歲：（75.34 ＋ 35）× 1.05 ＝ 115.85 萬

………

60 歲：1,215 萬

每人 1,215 萬股票，每年 5% 股利 60.75 萬，可補貼每月生活費 5.06 萬，剩下 10 年房貸（約 528 萬）若不想還，將支付房貸的股票賣出還清即可，剩餘股票（924 萬－528 萬＝396 萬），房屋金回歸退休老本一人分得 396 萬 ÷ 2 ＝ 198 萬。

每人退休時有股票 1215 萬＋ 198 萬＝ 1,413 萬，<u>一年股利 70.65 萬，每個月 5.89 萬</u>。

因此，若無急迫居住需求，**先存股再買房**，能多出一筆現金流幫助我們支付房貸，借力使力更輕鬆。

友情提醒

① 以上計畫須夫妻二人皆具有一定的薪資水平。
② 30 ～ 40 歲得先想辦法住在免錢的房子裡，如婆家、娘家……等。
③ 夫妻皆能認同存股觀念並確實執行，雙劍合璧，效果加倍。
④ 每年檢視持股，適時汰弱留強，務必保證每年有 5% 獲利。
⑤ 要能忍受40 ～ 60歲仍在還房貸的壓力，即便都是股利在還。
⑥ 1,500 萬也許在大台北只能先買小宅，設定新成屋原因在於不須太多裝潢費即可入住，若購入中古屋貸款成數最多僅七成，再加上裝潢費等額外支出會超過預算，導致退休時可能沒有這麼多錢。購屋前先試算，取一個可以接受的金額，不買超出自己能力範圍太多的房子。
⑦ 滾動式修正計畫，但以股利支付大部分房貸的宗旨不變。

租屋族要先存股還是先買房呢？

上一篇談的是存股期間有婆家或娘家可以擠的家庭，若是租屋一族，在每月需要付房租的前提下，該先存股再買房還是存到頭期款直接買房呢？我們將兩種方式都來試算一下：

【方案一】先存股、租屋 10 年，再買 1,500 萬的新成屋

頭期款 300 萬

假設夫妻 30 歲成婚，之前工作 8 年存款各存 150 萬。

30 歲～ 40 歲存股，累積買房金

30 歲開始存股，房租 2 萬，一年共 24 萬，夫妻各負擔 12 萬。

原本一人年存 35 萬元（月存 2 萬×12 ＋獎金 3 萬＋年終 8 萬）—12 萬（房租）＝ 23 萬

年報酬率保守以 5% 計
31 歲：$23 \times 1.05 = 24.15$ 萬
32 歲：$(24.15 + 23) \times 1.05 = 49.5$ 萬
33 歲：$(49.5 + 23) \times 1.05 = 76.13$ 萬
………

40 歲：304 萬

夫妻 2 人：304 萬×2 ＝ 608 萬元（股票）
一年股利：608 萬×5% ＝ **30.4 萬**
每月可支付房貸：30.4 萬 ÷12 ＝ **2.53 萬**

40 歲買房，付房貸 30 年
購屋 1,500 萬元，理想狀態貸 8 成，頭期款 300 萬元，貸款 1,200 萬元，貸 30 年。
每月還房貸 4.4 萬（本息攤還），股利付 2.53 萬，夫妻須補房貸差額 1.87 萬，一人每月付 9,350 元。

40 歲～ 60 歲存股，累積退休金
原本薪資閒錢 35 萬－（9350 元×12 月）房貸＝ 23.78 萬
每人一年存股 23.78 萬元，估每年 5% 複利
41 歲：23.78×1.05 ＝ 24.97 萬
42 歲：（24.97 ＋ 23.78）×1.05 ＝ 51.18 萬
43 歲：（51.18 ＋ 23.78）×1.05 ＝ 78.71 萬
………
60 歲：825 萬

每人 825 萬股票，每年 5% 股利 41.25 萬，可補貼每月生活費 3.43 萬，剩下 10 年房貸（約 528 萬）若不想還，將支付房貸的股票賣出還清，剩餘股票（608 萬—528 萬＝80 萬），房屋金回歸退休老本每人分得 80 萬 ÷2 ＝ 40 萬。

每人退休時有股票 825 萬＋ 40 萬＝ 865 萬，一年股利 43.25 萬，每個月 3.6 萬勉強夠用，最好要搭配退休金備用，或是下修買房總價。

友情提醒

① 租屋的確是一筆很大的開銷，連帶能存的退休金都變少，最好盡量節省租屋開銷，在存買房金時期（30 ～ 40 歲）爭取擠出更多錢存股。
② 1,500 萬的總價已屬小小超出預算，貸款成數、裝潢費等額外支出都須考量在內，預算再提升，可能退休金會更不夠。當然若本業薪資高或是夫妻都是有月退的軍公教人員，房屋預算還能再上調。

【方案二】30 歲直接買 1,500 萬的新成屋

🪙 頭期款 300 萬

假設夫妻 30 歲成婚，之前工作 8 年存款各存 150 萬。

🪙 30 歲買房～ 60 歲付房貸＋存股

購屋 1,500 萬元，理想狀態貸 8 成，頭期款 300 萬元，貸款 1,200 萬元，貸 30 年，每月還房貸 4.4 萬（本息攤還）。

夫妻每人每月負責還房貸 4.4 萬 ÷2 ＝ 2.2 萬，一年每人支付房貸共 2.2 萬×12 月 ＝ 26.4 萬

原本一人年存 35 萬元（月存 2 萬×12 ＋獎金 3 萬＋年終 8 萬）

扣除房貸每年能存股的錢 35 萬—26.4 萬 ＝ 8.6 萬，年報酬率保守以 5% 計

31 歲：8.6 萬×1.05 ＝ 9 萬

32 歲：（9 萬＋ 8.6 萬）×1.05 ＝ 18.5 萬

33 歲：（18.48 萬＋ 8.6 萬）×1.05 ＝ 28.46 萬

……

60 歲：600 萬

600 萬股票，<u>一年股利 30 萬，每月 2.5 萬元</u>，退休生活堪憂且沒有買房股票可以回補。

結論

同樣買 1,500 萬的新成屋……

方案一 ：先存股、租屋 10 年，再買房

每人退休股票 865 萬，一年股利 43.25 萬，每月現金流 3.6 萬。

方案二 ：邊買房邊存股

每人退休股票 600 萬，一年股利 30 萬，每月現金流 2.5 萬。

由以上試算可知，方案一多了 265 萬的股票資產，而且每月還多出 1.1 萬的現金流，明顯划算許多。所以即便是租屋一族，先租屋存股 10 年還是比直接買房划算，因為每月房貸金額比房租多太多，壓縮到年輕時可以投入存股複利的金額。不過如果是每月房貸金額比房租便宜或差不多的房子就直接買吧！

6-2 小車 X 買房實驗

　　本節內容是回應粉絲一些與存股、買房相關的疑問，以及我們夫妻先存股到買預售屋的經驗分享。至於買房的原因，在上一本書裡提過：小車一家現居於新北市很蛋白的區域，生活機能與交通不便，不過由於房子是夫家的，不用額外支付房租，這一直讓我覺得感恩。然而自從有了孩子之後，便開始思考小孩就學問題，希望能趕在孩子上國中以前買進學區捷運宅，既方便孩子上學，也能方便什麼交通工具都不會的我通勤。

　　我們夫妻是先存股再買房，由於婚後已有居住之地，不用額外支付房租便是最大優勢。先專心存股累積股票資產，待股利能支付大部分房貸金額時再來買房，也許成家晚了點，但有了股利現金流的輔助下，支付房貸的壓力減輕許多。多年後待

房貸還清，當初用來支付房貸的股票還能回歸退休金，讓老年生活更加無虞。

原本打算多存幾年再買房的我們，因緣際會之下於 2020 下半年在北市蛋白區買了一間地點、交通、學區、生活機能都很滿意的兩房預售屋，預計 2023 年 9 月交屋。

本想連同交屋、裝潢、找房貸銀行過程也一併分享，無奈預售屋交屋時間比預期延後了半年（這也是買預售屋的缺點與變數之一呀！），後續資訊只能在粉專分享。目前僅就我們夫妻買預售屋遇到的問題，以及存了二、三年的成長股到底能不能獲利了結，趕上支付房屋裝潢費的實驗結果分享。

Ｑ 買房頭期款該不該先拿來存股？

我認為若規畫 10 年後買房的話，可以先將錢投入股市參與複利，等到接近買房時間點的前一、二年找相對高點獲利了結，累積頭期款放定存。倘若已存好頭期款且 2、3 年內規畫要買房，建議就穩穩放在定存，不要貿然存股，省得好不容易找到心儀的房子，錢卻卡在股市下跌，淪落到賠售換現金的下場。

Q 先存股再買房？

買房是人生最大的負債決策，不宜貿進，太早買或是買了超過自己能力負荷的房子，不僅二、三十年的房貸壓得讓人喘不過氣，繳完後甚至還要面臨「窮得只剩一間房」的窘境。

如何買房又能兼顧退休後有較寬綽的資金支應生活呢？誠心建議可以考慮先存股再買房。存股買房有 2 筆錢要存：一是頭期款現金，二是一筆股利足以支付大部分房貸的股票資產。累積的順序如下：

1 出社會～ 30 歲存頭期款
可存現金或存股，若選擇存股，則待接近買房時間點再陸續換成現金。

2 30 歲～ 40 歲存股
目標是「股利足夠支付大部分房貸」的股票資產，若提前達標可提早買房。

3 40 歲～ 60 歲存股
目標是退休後的股利現金流。由於大部分房貸已靠股利負擔，因此薪水閒錢可專心存支付退休生活的股票。

- 以 1,500 萬預售屋、夫妻共同負擔為例（可視個別情況調整）

🏠 20% 頭期款為 300 萬，若預售屋則多些時間彈性，訂簽開（訂金、簽約、開工）10% 只須先付 150 萬，另外 10% 工程款、交屋款依工程進度可拉長 2 ～ 3 年籌措現金或股票慢慢分批獲利了結剩下的 150 萬。

🏠 交屋時還要準備一筆付規費、印花稅、代書費、契稅、預繳半年管理費……等雜支，約 10 ～ 15 萬。

🏠 裝潢、家電保守抓 80 萬
這部分比較彈性，若預算不足，新成屋也可以不裝潢，直接舊家具、家電搬一搬先入住，日後再慢慢添購。

🏠 估算須存多少股票資產，才能完全以股利支付房貸。80% 房貸為 1200 萬，20 年期房貸月付約 6 萬，30 年期房貸月付約 4.4 萬。

20 年期房貸

　　6 萬×12 個月 = 72 萬
　　72 萬 ÷5% = 1,440 萬股票的股利才夠負擔一年房貸

30 年期房貸

4.4 萬×12 個月＝ 52.8 萬

52.8 萬 ÷5% ＝ 1,056 萬股票的股利才夠負擔

相形之下似乎夫妻兩人存到 1,056 萬的股票資產較為可行，不過 30 年期很可能已超過退休年齡，要有心理準備這筆現金流無法在退休後馬上挪用，或是退休時直接將支付房貸的股票賣出付清尾款。

先存股再買房的好處

1、房貸付完時多一筆股票資產

有朋友會問：「若能存到 300 萬頭期款加上一千多萬的股票資產，為何不直接付清房貸再來好好存退休金？」同樣都是 40 歲到 60 歲專心存股，差別在於付清房貸後，原本股利 Cover 房貸的那一千多萬股票資產可以回歸成退休金，使自己退休生活更加無虞。

2、不必擔心突發狀況

以薪水支付房貸，壓力是紮紮實實的二、三十年；然而用股利支付大部分的房貸，即便中途遇到失業、收入驟減都不必太擔心房貸問題，只須應付生活開支即可。（生活備用金可搞定）

3、股票資產可作為資金緩衝的水庫

　　股利不僅能支付房貸，其股票資產還可作為資金緩衝的水庫。例如交屋後裝潢家電超出預算、生活中突然有大筆資金需求，且金額緊急備用金不足以支付，這時股票水庫就是生活的第二道防線，可以適時獲利了結一些股票應急。不過要記得借完要盡快補上，避免影響後續支付房貸的股利現金流。

Ｑ 用成長股資本利得來抵裝潢費，可行嗎？

　　小車在累積了一定張數的金融股之後，由於核心持股已有穩定的現金流，便嘗試將小部分資金放在優質的成長股上，期待賺取產業成長的價差。2020 年拜讀了闕又上老師的《慢飆股台積電的啟示錄》，覺得台積電的企業文化誠信可靠，且領導者很有智慧與遠見，高階晶圓研發、量產皆領先全球。於是 8 月小車與先生便開始嘗試分批買台積電零股，期待 2、3 年後三奈米量產，EPS 大幅提升，賺取成長價差，來支付房屋的裝潢費。

　　後來在 2021 年 5 月陸續買進 00757，也是看好美國科技尖牙股的趨勢向上，同樣期待 2 年後預售屋交屋時能賺取成長價差。

時至 2023 年尾聲，面對預售屋即將交屋，來檢視一下當初自己設定的賺成長股價差計畫是否成功：

台積電（2330）

個人持有均價為 511.8 元，中間經過 2022 年的股市震盪，一度最低曾跌至 370 元，後又一路起伏爬升至 2023 年 12 月的 580 元，賣出確實能小賺 13.44%，不過離 2022 年的高點 688 元還有一大段距離，選擇現在出場似乎有些可惜。

統一 FANG+（00757）

持有均價為 49.2 元，2021 年 5 月買進後，11 月一度漲到 54 元，後來一路南下至 31.99 元，經過約一年的爬升漲到 2023 年 12 月創下上市以來新高 66.35 元，賣出可賺 36.39%，因此我後來選擇分批賣出部分 00757 來支付裝潢費。

以小車個人為例，持有 60% 核心持股，40% 成長股，原本 2020、2021 年存這兩檔標的是規畫兩、三年後也就是 2023 年 9 月交屋後要賣出以取得房屋裝潢費，但事實是成長標的台積電、00757 自 2021 年後已經低迷將近一、兩年，倘若房子是在 2023 年 5 月以前交屋，我是完全無法靠賣成長股來支付裝潢費的。

原本打算如果成長股還沒漲回來，就調節一些漲高的金融股來付裝潢費，不過賣太多也會壓縮到付房貸的股利現金流，因此只能降低裝潢費用，改成陸續用薪水添購現成家具，反正新成屋不裝潢也是能住人。

所幸 2023 年 6 月股市開始起飛，新屋裝潢費才得以回歸原本計畫，靠調節部分 00757 有驚無險地籌措完成。

成長股真的能滾出房屋裝潢款？

結論是能，但所花費的時間比想像中來得長。市值型、成長型標的回測的年化報酬率，雖然皆遠高於領股息的核心持股，卻並非走每年固定向上成長的路線。股價有可能長期趨勢向上，短期上下震盪，沒辦法保證要用錢時是漲的。

因此小車覺得打算完全靠存成長股滾出買房頭期款、大筆裝潢款的朋友，規畫時間要拉長至「十年」較保險，二至三年不一定能等到股價的成長，甚至還有可能會遇到賣出反而虧損的窘境。

與其單壓市值型股票，不如核心、成長都存，核心股價漲幅不大但相對跌幅也有限，在資產配置中是一股相對穩定的力量，屆時看需要用錢時哪一類股票在漲就調節哪檔，會比單壓

成長股來得彈性些。如果預計要用到大筆資金，可以提前半年開始見高點慢慢賣，不要等到真正需要錢時才倉促賣出。

以上為小車存股與買房的實驗小結論。

預售屋經驗談

關於買房，我的經驗不多，因考量孩子上學的交通易達性，2020 年下半年買了一間兩房的預售屋。原本也沒打算這麼早買房，沒想到後來走進接待中心二次，看著看著合約就簽下去了，只能說我們當時真是太菜太衝動，不過截至目前為止沒有後悔，等交屋後再跟大家分享心情。

現在先與讀者分享根據我的自身經歷現階段歸納出的預售屋優缺點：

⊞ 優點

1、鎖住價格

近幾年房價飆漲速度驚人，買預售屋的好處在於簽約能把房屋售價鎖在購買的那一年。往後建造房子過程中，無論原物料、人事成本如何攀升都只能建商自行吸收，無法再轉嫁至房屋售價上。

2、資金籌措時間寬裕

相對於買成屋，買預售屋資金籌措的時間寬裕許多，成屋交易一開始就要拿出 20% 頭期款、近百萬的裝潢、家電費，高資金門檻容易令人望之卻步；反觀預售屋交易，訂金、簽約、開工僅須付總價的 10%，另外 10% 的工程款、交屋款以及交屋後的裝潢款、家電可以拉長至 3 ～ 4 年慢慢存齊，金額壓力減少許多。

3、可以挑樓層、格局

買房通常會鎖定一個區域看房，成屋買賣比較講究緣分，要遇到同時符合區域、樓層、座向、格局、價格……等各方面需求的房子不容易。不過若是該區域新推的建案，在銷售初期遇到喜歡房子的機率會高一點。

4、可以客變，省下裝潢費

一般裝潢只要遇到格局變動，必定要多一筆為數不少的花費，預售屋可以事先與設計師討論好格局，工地就能依循顧客需求的隔間直接蓋，省去敲牆的工夫及金錢。

▦ 缺點

1、變數多

買預售屋雖然資金壓力相對小些，但畢竟是只看一張圖來

決定交易，「賭」的成分較多。無論是房子蓋出來的實際大小、過程是否有工安意外、建商會不會落跑變成爛尾樓……都是極大的變數。

當然我們也知道要挑選有口碑的大型建商與營造廠，其施工品質相對安心，但口碑建商的建案在同一區域有可能一坪價格貴上 10 萬，並不是尋常百姓肖想得起。且即便是上市的建商，也難保建造過程不會出包，變數依舊不少。

2、心理容易焦慮

誠如第一點所述之變數，簽下約直到交屋之間的 3、4 年心裡都必須承擔這些無形的壓力。

3、交屋時間延宕是常態

在買預售屋時，代銷小姐都會畫一個沒多久就蓋好的大餅。以我個人為例，2020 年下半年買的房子，工程款共分六期依工程進度來支付。

當時我問代銷小姐：「大概一期多久？」

她說：「一期大約 3、4 個月。」

我說：「那為什麼合約書上是寫 2023 年 9 月底？」

她說：「那是建商把合約書的時間壓後面一點，以防突發

狀況，正常情況不會延到這麼晚啦！」

　　按照小姐口中的藍圖，我們早在 2022 年下半年就已經住進新房裡了，然而後來遇到疫情、缺工缺料、開挖後發現連續壁要加固……等各種原因延宕，好不容易等到履約期限的日子，卻被告知要等到 2024 年 1 月才安排驗屋。打開合約一看，原來是在履約期限內「取得使用執照」，至於領到使用執照到通知買家交屋在「六個月內」都是合法的，於是等了三年的我，只能繼續等下去。

　　因此，買預售屋不要對交屋日期過於樂觀，以目前缺工缺料的情況，延宕或在合約期限壓線完成是常態。

4、買屋時無法根據實際屋況評估
　　買預售屋全憑一張紙，只能「賭賭看」。

✎ **預售屋適合族群**

① 自備款少。

② 無急迫居住需求。

③ 神經大條，扛得住眾多未知變數。

結語 投資股票，更別忘了投資自己

今年某一日突然有感而發跟同事 A 聊到「老妹沒人理」的話題。

我與同事 A 是同一年進來工作的，想當年在職場上也堪稱是公司兩朵花，雖然菜味濃卻有著滿滿的青春紅利，不可諱言有了年輕與外貌的加持，確實在初期工作適應上順遂許多。

後來我們就在這個工作環境待了十多年，中間經歷結婚、生子，到現在孩子開始上幼稚園、小學。這段期間職場上陸續也來了不少年輕美眉，看著她們臉上緊緻的肌膚，再對照自己日漸流失的膠原蛋白，頓時有種年華老去的感傷。

女人一旦結了婚生了小孩，不管打扮多麼時髦，妝容再怎麼完整，在人們眼裡就是個媽媽，他們看妳的眼神不再有光，可以感受到對方是非常認真要跟你談工作的（笑）。不過感傷歸感傷，也不至於太難過，畢竟我的工作主要仍是靠專業與經驗，青春與外貌可以加持工作的部分相當有限。也很慶幸自己當初的上進與努力，換來這份不易被取代的本業。

　　有句廣告詞說得好：「生命就該浪費在美好的事物上」，人的青春只有一次，如何能踏踏實實走這一遭而不至於白費，就該把時間用在最值得的事物上。存股，自然是越早開始越好，現在自媒體、社群發達，有不少在學的學子已關注或開始存股。前一陣子，小車甚至還接到北部某知名大學學生會的演講邀約，足見存股風氣之盛且有逐漸年輕化的趨勢。

　　存股最需要的是「時間複利」以及「長期持有」，宜趁早開始並持續投入，不過執行期間除了公司營運走下坡要留意換股外，其實不須花太多心思在此之上；相反的，充實本業能力、維繫家人感情、豐富生活、保持健康……等各方面，需要我們時時刻刻花心思專注去經營。

有句英文諺語：「You can't have your cake and eat it！」，意思是你無法同時擁有蛋糕並且吃掉它，也就是人難以兩全其美。人的精力有限，同時投入多樣事物容易顧此失彼，不過存股偏偏是能讓我們有機會兼得的好幫手。

人生除了選擇題，它更可以是申論題，我們不妨將存股與耕耘人生二者結合，將閒錢投入存股靜待複利成果，刪去不必要的價差操作，再把省下的時間與精力花在「投資自己」之上，例如習得一技之長、用心經營生活、增進家人感情、多運動維持健康。如此才能在多年之後，青春流逝之時，既有工作能力鞏固本業，又有家人、朋友陪伴左右，還有健康體態任你四處遨遊，退休後更有股票資產守護老年生活，豈不美哉？

閒錢投資股票，時間投資自己，
存股與人生，你可以雙贏！

2023 年華南金（2880）、兆豐金（2886）、
合庫金（5880）的股利通知書。

亞洲水泥 股份有限公司 112年 第 1 次 現金股利發放通知書暨領取單

股東戶號		股東戶名			
直轄	2.29958798	基準日持有股數	24,171	無	股東原留印鑑
	*****	非居住者			
直轄	55,583	非居住者扣繳率(%)	*****		本人簽明領詞同領取(最近5年未領現金股利)
	*****	代扣現金股利稅款(C)	*****	合計	0
合計(A)	55,583	代扣股票股利稅款(D)	*****	匯款	銀行： 分行：
補充保險費率	2.11%			性質	
現金股利金額	55,583	淨/匯金額(E)	10		
股票股利金額	0				
應繳補充保費	1,173	本年度實發股利	54,400		
代扣補充保費	1,173	(A－B－C－D－E)			

南亞塑膠工業股份有限公司111年度現金股利 匯款通知書

戶名		戶號		身分證統一編號		
持有股數	64,700	每股股利	3	應發股利(元)(A)	194,100	扣繳率 0%
歷年未領股利(B)	107年 0	108年 0	109年 0	110年 0		
減項金額(C)	匯費	10	原留印鑑	說明		
	應扣繳稅額	0		□貴股東未採匯款方式 ☑貴股東係採匯款方式		
	已扣補充保費	4,096	上項款額已匯入台端指定之右列行庫。	匯款日期：112年07月28日		
	代扣款項	0				
	1.在台居住未滿183天，代扣歷年度稅款。					
	2.地方法院或行政執行署執行扣押。					
	3.股票遺失法院尚未除權判決之暫息控管。					
實發金額(A+B-C)	189,994	主管	經辦	核印	編號	

台灣積體電路製造股份有限公司 112年現金股利匯款通知書

發放次別：112-4
發放日期：112年10月12日

股東戶名		股東戶號	
基準日持有股數 A		2,547	
每股配發金額 B	3	現金股利補充保險費 G=(D+E+F)*2.11%	0
應發金額 C=A*B	7,641	股票股利補充保險費 H	0
86年以前盈餘股利金額 D	0	手續費 I	0
87年以後盈餘股利金額 E	7,641	匯款處理費 J	5
應稅資本公積 F	0	實發金額 K=C-G-H-I-J	7,636

實發金額將於112年10月12日匯至台端之華南商業銀行

【本聯無須寄回】

2023 年南亞（1303）以及 2023 年亞泥（1102）、
台積電（2330）的股利通知書。

ETF收益分配通知書

印製日期：112/07/05

除息日：112/06/16
發放日：112/07/14

基金名稱	幣別 給付方式	持有單位數 (A)	每受益權單位 分配金額(B)	分配金額 (C)=A×B	扣補繳稅額 (D)	補充保費 (E)	郵/匯費 (F)	實付額 (G)=C-D-E-F
				入帳銀行－入帳帳號／地址				
00916 全球品牌50	台幣 匯款	8,000	0.17	1,360 華南商業銀行	0	0	10	1,350

收益分配所得類別明細

基金別名稱	幣別	參考匯率	所得類別格式代號	給付總額(H)	扣補繳稅額	扣繳(抵)稅額	補充保費
00916 全球品牌50	台幣	1	71海外股利所得	537	0	0	0
00916 全球品牌50	台幣	1	73海外利息所得	23	0	0	0
00916 全球品牌50	台幣	1	76財產交易(海外)所得	800	0	0	0
基金幣別小計	台幣			1,360	0	0	0

富邦證券投資信託股份有限公司
收益分配通知書

親愛的投資人 您好：
敬請詳閱以下基金收益分配事宜，以維護客戶權益
一、收益分配除息日：2023/11/16 發放日：2023/12/12
二、收益分配給付內容及所得類別如下：

申辦e帳單　　申請ETF配息帳號

基金名稱	幣別 匯率(E)	持有單位數 (A)	每單位分配金額 (B)	收益配發總額 (D)=(A)*(B)*(C)	補充保費 (F)	郵/匯費 (G)	未領息 (H)	實付金額 (I)=(D)-(E)-(F)-(G)+(H)
	補扣繳稅額(E)					給付方式		
富邦台50	TWD	6,100	0.861	5,252	0	10	0	5,242
	0 匯款支付：華南商業銀行 帳號							

基金名稱	所得類別	信託註記	幣別	給付總額	扣繳稅額
富邦台50	免稅資本公積		TWD	372	0
富邦台50	54-股利或盈餘所得C	TR	TWD	4,880	0
合計			TWD	5,252	0

2023 年國泰全球品牌（00916）、富邦台 50（006208）
的股利通知書。

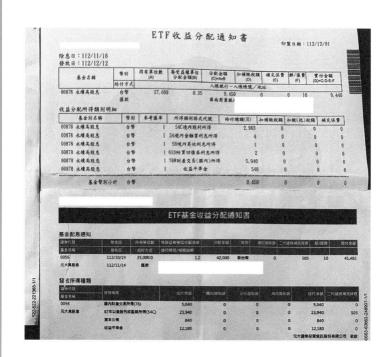

2023 年國泰永續高股息（00878）、元大高股息（0056）
的股利通知書。

國家圖書館出版品預行編目(CIP)資料

給存股族的 ETF 實驗筆記/小車 X 存股實驗著. -- 初版. --
新北市 ： 幸福文化出版社出版 ： 遠足文化事業股份有限公司
發行， 2024.01
　　面 ； 　公分. --（富能量 ； 86）
ISBN 978-626-7311-99-8(平裝). --
ISBN 978-626-7427-00-2(平裝限量簽名版)

1.CST: 股票投資 2.CST: 個人理財

563.53　　　　　　　　　　　112021489

給存股族的 ETF 實驗筆記

作　　者：小車 X 存股實驗

責任編輯：高佩琳
封面設計：FE 設計
內頁排版：鎵絲釘

總 編 輯：林麗文
主　　編：林宥彤、高佩琳、賴秉薇、蕭歆儀
行銷總監：祝子慧
行銷企劃：林彥玲

出　　版：幸福文化出版社 / 遠足文化事業股份有限公司
發　　行：遠足文化事業股份有限公司 (讀書共和國出版集團)
地　　址：231 新北市新店區民權路 108-3 號 8 樓
電　　話：(02) 2218-1417

郵撥帳號：19504465 遠足文化事業股份有限公司
客服信箱：service@bookrep.com.tw

法律顧問：華洋法律事務所 蘇文生律師
印　　製：呈靖彩藝有限公司

初版一刷：西元 2024 年 1 月
初版八刷：西元 2024 年 7 月12日
定　　價：420 元
書　　號：0HDC0086

ISBN：978-626-7311-998 (平裝)
ISBN：978-626-7427-057 (EPUB)
ISBN：978-626-7427-040 (PDF)

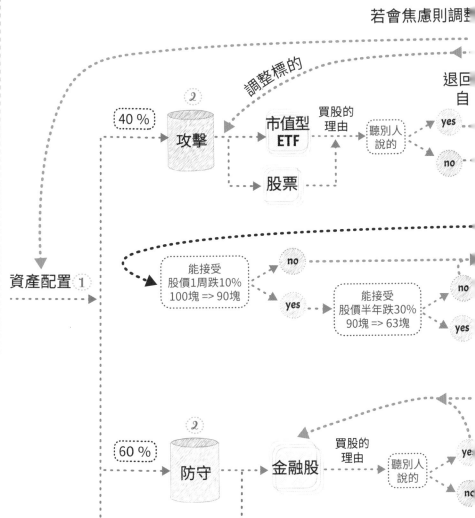

存股系統

若會焦慮則調整

調整標的

退回
自

40%　攻擊　→　市值型 ETF　→　買股的理由　→　聽別人說的　→ yes / no

　　　　　　　→　股票

資產配置 1

能接受
股價1周跌10%
100塊 => 90塊　→ no
　　　　　　　→ yes　→　能接受
股價半年跌30%
90塊 => 63塊　→ no / yes

60%　防守　→　金融股　→　買股的理由　→　聽別人說的　→ ye / no

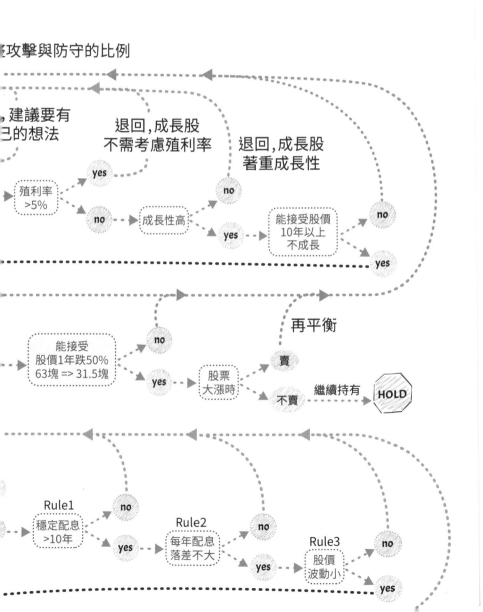

流 程 圖

攻擊與防守的比例

建議要有
己的想法

退回,成長股
不需考慮殖利率

退回,成長股
著重成長性

殖利率
>5%

yes

no

no

成長性高

yes

能接受股價
10年以上
不成長

no

yes

能接受
股價1年跌50%
63塊 => 31.5塊

no

再平衡

yes

股票
大漲時

賣

不賣

繼續持有

HOLD

Rule1
穩定配息
>10年

no

yes

Rule2
每年配息
落差不大

no

yes

Rule3
股價
波動小

no

yes